Roy Publicae

Pandemie

Roy Publicae

Pandemie

Definitionen

Dictus Publishing

Imprint

Cover image: www.ingimage.com

Publisher:
Dictus Publishing
is a trademark of
International Book Market Service Ltd., member of OmniScriptum Publishing Group
17 Meldrum Street, Beau Bassin 71504, Mauritius
Printed at: see last page
ISBN: 978-613-7-35166-6

Inhaltsverzeichnis:

I. Pandemie:

Pandemie[1]

Pandemie (von altgriechisch παν *pan* ‚gesamt, umfassend, alles' und δῆμος *dēmos* ‚Volk') bezeichnet eine *länder- und kontinentübergreifende* Ausbreitung einer Krankheit,[1] im engeren Sinn die Ausbreitung einer Infektionskrankheit. Im Unterschied zur Epidemie ist eine Pandemie örtlich nicht beschränkt,[2] es kann aber auch bei Pandemien Gebiete geben, die nicht von der Krankheit betroffen werden. In Bezug auf die Influenza hat die Weltgesundheitsorganisation (WHO) in ihren zuletzt im Mai 2017 überarbeiteten Leitlinien zum *Pandemic Influenza Risk Management* festgelegt, dass die Ausrufung einer Pandemie – also der Übergang von einer Epidemie zur Pandemie – durch den Generaldirektor der WHO erfolgt.[3]

---

[1] Vgl. https://de.wikipedia.org/wiki/Pandemie

Wortherkunft

Das Wort *Pandemie* geht zurück auf das altgriechische Substantiv πανδημία *pandēmía*, deutsch ‚das ganze Volk', das auch als Adjektiv πανδήμιος *pandēmios*, deutsch ‚im ganzen Volk [verbreitet]' existiert.[4] Beide Wörter setzen sich aus πᾶς *pās*, deutsch ‚all, ganz, jeder' (Neutrum πᾶν *pān*) sowie δῆμος *dēmos*, deutsch ‚Volk' zusammen.

Da sich die Endung *-demie* auf Menschen bezieht, sind in der Veterinärmedizin auch die Bezeichnungen *Seuchenzug* und **Panzootie** (von ζῷον *zōon* ‚lebendes Wesen, Lebewesen, Tier') statt *Pandemie* und ebenso *Epizootie* (von επί *epí* ‚auf') statt *Epidemie* üblich.

Ausbreitung

Die Pest im Mittelalter (auch bekannt als „Schwarzer Tod“) verbreitete sich in Europa teilweise über das Handelsnetz der Genueser Kolonien.

Heute gelten Flugrouten als die schnellsten Ausbreitungswege von Infektionskrankheiten.[5] So entwickelte sich AIDS, das durch das HI-Virus verursacht wird, u. a. durch den Flugtourismus von einem lokalen zu einem weltweiten Problem. Nachvollziehbar war dieser Effekt auch während der SARS-Pandemie 2002/2003: Während man in Asien noch die klassischen Verbreitungswege für SARS annahm, zeigte die zunehmende Zahl der Erkrankungen in Kanada diesen Reise-Effekt schon recht deutlich. Auch das Ausbreitungsgeschehen im Verlauf der Zikavirus-Epidemie 2015/2016 in Südamerika wurde mit der intensiven Reisetätigkeit während der Endrunde der Fußball-Weltmeisterschaft 2014 in Verbindung gebracht.

Die Weltgesundheitsorganisation hat darauf hingewiesen, dass ein pandemischer Krankheitserreger durch die große Anzahl gleichzeitig Erkrankter das Gesundheitssystem eines Staates überlasten kann.[6]

Zur quantitativen Beschreibung und Prognose pandemischer und ähnlicher Ausbreitungsprozesse nutzen Wissenschaftler Computersimulationen sowie Methoden der Theoretischen Biologie, beispielsweise das SIR-Modell.

Große Pandemien in der Geschichte waren:

- Antoninische Pest, 165–180. Vermutlich eine Pocken-Pandemie, die sich auf dem Gebiet des Römischen Reiches ausbreitete; rund 5 Millionen Tote.[7]
- Justinianische Pest, ab 541. Auswirkungen waren bis ins 8. Jahrhundert bemerkbar. Die Erkrankung verbreitete sich im gesamten Mittelmeerraum und in der gesamten, den Römern bekannten Welt. Die Anzahl der Todesopfer ist umstritten. Auslöser war vermutlich *Yersinia pestis*.
- Schwarzer Tod, 1347–1352. Aus Zentralasien kommend über ganz Europa verbreitet; geschätzt 25 Millionen Tote, das heißt: ein Drittel der damaligen europäischen Bevölkerung. Auslöser war *Yersinia pestis*.
- Dritte Pest-Pandemie, seit 1896. Erstmals aufgetreten in China, weltweit verbreitet, rund 12 Millionen Tote. Auslöser: *Yersinia pestis*.

- Spanische Grippe, 1918–1920, Wahrscheinlicher Ausgangspunkt sind die Vereinigte Staaten, Infiziert wurden vermutlich 500 Millionen Menschen, von denen etwa 20 bis 50 Millionen starben.
- Ausbreitung von HIV/AIDS (seit Anfang der 1980er-Jahre); laut UNAIDS rund 75,7 Millionen Infizierte und 32,7 Millionen Verstorbene seit 1980 (Stand: Ende 2019)[8]
- COVID-19-Pandemie: Am 11. März 2020 erklärte die Weltgesundheitsorganisation die seit Dezember 2019 erfolgte Ausbreitung des Virus SARS-CoV-2 zur Pandemie, nachdem sie das Infektionsgeschehen bereits am 30. Januar 2020 als internationale Gesundheitsnotlage bezeichnet hatte. Bis Ende August 2020 gab es laut Daten der WHO weltweit über 25 Millionen Infektions- und rund 850.000 Todesfälle.[9]

Gefährdung durch neue Erreger

Die deutsche Bundesregierung ließ 2012 eine Pandemie mit einem ausgedachten Virus mit dem Namen „Modi-SARS" hypothetisch durchspielen.[10][11]

Bill Gates warnte 2015, dass man auf eine globale Epidemie nicht vorbereitet sei.[12]

Carolien van de Sandt, Peter-Doherty-Institut für Infektionen und Immunität an der Universität von Melbourne, und weitere Autoren warnten im Oktober 2018 im Fachblatt Frontiers in Cellular and Infection Microbiology vor einer zweiten Spanischen Grippe. Der demografische Wandel, Antibiotika-Resistenzen und der Klimawandel könnten die Bekämpfung der Krankheit erschweren, sodass bis zu 150 Millionen Menschen sterben könnten.[13]

Chinesische Forscher warnten im März 2019 vor der Problematik der Verbindung von Fledermäusen und Corona.[14]

Im August 2019 führte das U.S. Department of Health and Human Services das Planspiel Crimson Contagion unter der Annahme eines neuen Grippevirus aus China durch mit dem Ergebnis, dass in den USA 500.000 Todesfälle geschahen.

In jüngerer Zeit haben vor allem die Influenza-Pandemien für große mediale Aufmerksamkeit gesorgt. Auslöser dieser Pandemien waren Influenzaviren der Gruppe A, deren antigene Oberflächenmoleküle Hämagglutinin (HA) und Neuraminidase (N) sich verändert hatten. Solche Veränderungen können jederzeit eintreten und dazu führen, dass die veränderten Oberflächenmoleküle nach einer Infektion vom Immunsystem trotz Impfung (oder Immunität nach einer vorhergegangenen Influenza-Infektion mit Viren, die noch andere Oberflächeneigenschaften hatten) nicht erkannt oder nur unzureichend bekämpft werden. Das hat dann zur Folge, dass die Viren sich im Körper der infizierten Menschen vermehren können.

Bei einer Influenza-Epidemie oder „Grippewelle" werden 10–20 % einer Bevölkerung infiziert, aber die Ausbrüche bleiben lokal begrenzt. Bei einer Pandemie hingegen verbreiten sich die Viren rasch und mit Infektionsraten von bis zu 50 % über den gesamten

Globus. Auslöser ist immer ein neuer Subtyp des Influenza-A-Virus, der auch durch einen Antigenshift (eine Durchmischung von humanen und aviären, das heißt aus Geflügel stammenden Gen-Segmenten) entstehen kann. Eine solche Durchmischung von „Vogelgrippe"- und humanen Influenzaviren kann beispielsweise im Schwein stattfinden („Schweineinfluenza"), wenn diese Tiere Träger beider Viren sind.

Auch in „Grippe-"Jahren ohne Pandemie stirbt jährlich eine Vielzahl von Menschen an dieser Krankheit bzw. an ihren Folgen, vor allem an den Folgen einer Lungenentzündung infolge bakterieller Superinfektion. Beispielsweise wurden dem Robert Koch-Institut im Winterhalbjahr 2017/18 rund 334.000 labordiagnostisch bestätigte Influenza-Erkrankungen gemeldet; 60.000 Erkrankte wurden in Hospitälern aufgenommen und 1.674 Erkrankte verstarben nachweislich an einer Influenza-Infektion.[15]

Beispiele für Influenzapandemien in jüngerer Zeit:

- Influenza-Pandemie von 1889 bis 1895, eine Million Tote, Subtyp A/H2N2 oder A/H3N8
- Spanische Grippe (1918–1920), 20–50 Millionen Tote,[16][17] Subtyp A/H1N1
- Asiatische Grippe (1957/58), 1–4 Millionen Tote,[16] Subtyp A/H2N2
- Hongkong-Grippe (1968), 1–4 Millionen Tote,[16] Subtyp A/H3N2
- Russische Grippe (1977/78), 700.000 Tote,[18] Subtyp A/H1N1 (Fallzahlen und Klassifikation als Pandemie umstritten, da vor allem Kinder und Jugendliche erkrankten)
- Schweinegrippe (2009/10), 100.000–400.000 Tote,[16] Subtyp A/California/7/2009 (H1N1) (Fallzahlen und Klassifikation als Pandemie wegen der relativ geringen Pathogenität umstritten)

Definitionen der Influenza-Pandemiephasen durch die Weltgesundheitsorganisation

Der Plan der Weltgesundheitsorganisation (WHO) zur Vorbereitung auf Influenza-Pandemien aus dem Jahr 2005[19] teilte das Risiko des Übergangs auf den Menschen, also die Wahrscheinlichkeit für die globale Verbreitung unter Menschen, in sechs Stufen ein:

- **Phase 1:** Beim Menschen wurde kein neuer Virus-Subtyp entdeckt, jedoch wurde ein beim Menschen umlaufender Subtyp auch in Tieren nachgewiesen. Das Risiko des Übergangs vom Tier zum Menschen wird als gering bewertet.
- **Phase 2:** Beim Menschen wurde kein neuer Virus-Subtyp entdeckt, jedoch bewirkt ein in Tieren umlaufender Subtyp ein erhebliches Risiko von Erkrankungen beim Menschen.
- **Phase 3, Beginn der Alarmphase:** Vereinzelt werden Menschen von einem neuen Subtyp infiziert, die zum Beispiel unabhängig voneinander Kontakt zu infizierten Tieren hatten. Eine Übertragung von Mensch zu Mensch ist sehr selten und tritt allenfalls bei engem Kontakt zu einem Infizierten auf.

- **Phase 4:** Örtlich eng begrenzte Häufung(en) von Infektionen (zum Beispiel 25 Erkrankungen innerhalb von zwei Wochen) und begrenzte Mensch-zu-Mensch-Übertragungen sind dokumentiert, was jedoch nahelegt, dass der Subtyp nur unzureichend an den Menschen angepasst ist.
- **Phase 5, erhebliches Pandemierisiko:** Größere Häufung(en) von Infektionen (zum Beispiel 50 Erkrankungen innerhalb von zwei bis vier Wochen) sind dokumentiert, Mensch-zu-Mensch-Übertragungen sind aber noch immer örtlich begrenzt (zum Beispiel auf abgelegene Orte oder Inseln oder auf Gemeinschaftseinrichtungen wie Universitäten und Kasernen), was nahelegt, dass der Subtyp zwar zunehmend besser an den Menschen angepasst, aber noch immer nur eingeschränkt von Mensch zu Mensch übertragbar ist.
- **Phase 6, Pandemie:** Wachsende und anhaltende Übertragungen von Mensch zu Mensch in der gesamten Bevölkerung.

Die ab 2009[20] als Antwort auf die Ausbreitung der Vogelgrippe H5N1 von der Weltgesundheitsorganisation festgelegte Definition der Phase 6, bei einer Pandemie handele es sich um „epidemische Ausbrüche in mindestens zwei der sechs WHO-Regionen“,[21] ist in den seit 2013 gültigen und 2017 erneut bearbeiteten Leitlinien der WHO für das *Pandemic Influenza Risk Management* nicht mehr enthalten; bei den vorgenannten Regionen handelt es sich um: Afrika, Nord- und Südamerika, Südostasien, Europa, Östliches Mittelmeer und Westlichen Pazifik. Auslöser der abermaligen Änderungen war ein kritischer Rückblick auf die für die Bewältigung der „Schweinegrippe“-Pandemie (2009/10) gesammelten Erfahrungen. Als Folge dieses kritischen Rückblicks stellen seit 2013 weniger formale Kriterien und stärker „Risiko-basierte Betrachtungsweisen“ (*a risk-based approach*) die Grundlagen der Phasen-Definition durch die Weltgesundheitsorganisation dar.[22]

Zugleich wurde 2017 die Gliederung in sechs voneinander trennbare Phasen durch ein zyklisches Kontinuum ersetzt, also durch einen gleitenden Übergang von Phase 1 zu Phase 4 und danach erneut zu Phase 1:[23]

- **Interpandemische Phase:** Dies ist die Phase zwischen zwei Influenza-Pandemien, in der Vorbereitungen auf eine mögliche Pandemie getroffen werden können.
- **Bereitschaftsphase (Alert Phase):** Ein neuer Influenza-Subtyp wurde beim Menschen nachgewiesen. Diese Phase ist gekennzeichnet durch erhöhte Wachsamkeit und sorgfältige Abschätzung möglicher Risiken auf lokaler, nationaler und globaler Ebene. Falls die Beurteilung der Risiken ergibt, dass keine weltweite Ausbreitung zu erwarten ist, kann eine Deeskalation eingeleiteter Maßnahmen erfolgen.
- **Pandemische Phase:** Aufgrund der Beobachtung virologischer, epidemiologischer und klinischer Befunde gilt als gesichert, dass sich der neue Subtyp weltweit ausbreitet und Maßnahmen ergriffen werden müssen. Der Wechsel von der interpandemischen Phase zur Bereitschaftsphase und zur Pandemiephase kann rasch oder allmählich erfolgen.
- **Übergangsphase (Transition Phase):** Sobald sich das Infektionsgeschehen abschwächt, also eine Verbesserung der Lage eintritt, kann eine weltweite oder durch einzelne Staaten veranlasste Deeskalation eingeleiteter Maßnahmen erfolgen.

- **Interpandemische Phase:** Dies ist die nächste Phase zwischen zwei Influenza-Pandemien.

Vorbeugungsmaßnahmen

Die Weltgesundheitsorganisation hat im Jahre 1948 ein weltweites Überwachungssystem installiert, das mithilfe zahlreicher Referenzlabors die umlaufenden Virusstämme ständig auf neue Varianten überprüft. Diese Feldstudien bilden die Grundlage für die jährlich erneuerten Empfehlungen bezüglich Impfstoffzusammensetzung der nächstfolgenden Wintersaison, wobei zwischen Empfehlung und Bereitstellung des Impfstoffes in ausreichender Menge durch dessen Hersteller zehn bis zwölf Monate vergehen können. Zudem hat die Weltgesundheitsorganisation 1999 von allen Ländern die Erstellung nationaler Pandemiepläne gefordert.[24] Durch diese Maßnahmen soll zum einen sichergestellt werden, dass im Fall einer Pandemie rasch sichere Impfstoffe hergestellt werden können; für Europa hat die *Vaccine Expert Group* der Europäischen Arzneimittelagentur entsprechende Leitlinien erarbeitet. Zum anderen soll ein erprobter Maßnahmenkatalog dazu beitragen, Infektionsketten u. a. durch soziale Distanz zu unterbrechen und die Krankenversorgung sicherzustellen. Zwischen 2006 und 2015 wurde die Impfstoffproduktion weltweit von geschätzten 0,5 bis 1,5 Milliarden Dosen pro Jahr auf nahezu 6 Milliarden Dosen gesteigert.[25]

Als Folge einer Infektion mit Influenzaviren kann es zu einer Besiedelung der Luftwege mit Pneumokokken und zu einer durch diese Bakterien verursachten Lungenentzündung (Pneumonie) kommen, die vor allem bei Patienten mit chronischen Krankheiten sowie bei älteren Menschen lebensgefährlich verlaufen kann. Eine Pneumokokkenimpfung senkt das Risiko von Pneumokokken-Pneumonien und tödlichen Verläufen und wird deshalb von der Ständigen Impfkommission Deutschlands für Säuglinge ab dem Alter von zwei Monaten, für alle Menschen ab dem Alter von 60 Jahren sowie insbesondere für Patienten mit chronischen Krankheiten der Lunge oder des Herzens oder einem behandlungsbedürftigen Diabetes empfohlen.[26] Vergleichbare Empfehlungen gehen aus dem *Impfplan für Österreich* hervor.[27] Laut Schweizerischem Impfplan 2020 gibt es zu dieser Frage Impfempfehlungen für Personen bestimmter Risikogruppen.[28]

Als mögliche Erreger einer Pandemie und als für Forschung und Entwicklung priorisiert werden von der WHO folgende acht Infektionskrankheiten angesehen (Stand: Mai 2020):[29][30][31]

- COVID-19
- Krim-Kongo-Fieber
- Ebolafieber und Marburgfieber
- Lassafieber
- MERS-CoV und SARS
- Nipah-Virus und Hendra-Virus
- Rifttalfieber
- Zikafieber
- „Disease X" – eine bisher unbekannte Krankheit oder eine Krankheit, die nicht als Krankheit der Spezies Mensch bekannt ist mit derzeit unbekannten Eigenschaften.

Szenario einer Pandemie am Beispiel von Influenza A/H5N1

Besondere Brisanz wurde ab 2005/06 der sogenannten Vogelgrippe H5N1, verursacht durch das Influenza-A-Virus H5N1, zugeschrieben, deren Viren auch ohne jedes Zutun des Menschen von Zugvögeln verbreitet werden. Ihr hat die Weltgesundheitsorganisation seit mehreren Jahren die Pandemiephase 3 zugeordnet (Stand: Februar 2020.[32])

Sollten die A/H5N1-Viren mutieren, sodass sie von Mensch zu Mensch übertragen werden können, erwarten einige Experten ein Szenario, das in zwei Phasen abläuft:[33]

1. In einer ersten Phase von bis zu sechs Monaten stünde kein Impfstoff zur Verfügung, da die heute gängigen Herstellungsverfahren diese Zeitspanne bis zur Auslieferung der ersten Ampullen benötigen. In dieser Phase wären vermutlich antivirale Medikamente und Medikamente gegen opportunistische bakterielle Infektionen sowie nichtmedikamentöse Schutzmaßnahmen (z. B.

Gesichtsmasken, Schulschließungen) und Quarantäne die einzig möglichen Maßnahmen zur Abwehr der Viren und ihrer Folgen. Es wird daher empfohlen, für 20–25 % der Bevölkerung solche Medikamente vorrätig zu halten.[34]

2. In einer zweiten Phase wäre zwar ein Impfschutz entwickelt, die Produktionskapazitäten würden für den großen Bedarf jedoch sehr wahrscheinlich nicht ausreichen. Daher sehen die amtlichen Notfallpläne für den Pandemiefall u. a. auch vor, dass zum Beispiel Krankenhaus-, Polizei- und Feuerwehrpersonal mit Priorität versorgt werden soll. Viele Experten fordern deshalb, staatlich subventionierte Überkapazitäten bei den Arzneimittelherstellern aufzubauen. Weil außerdem nicht erwartet werden kann, dass Impfungen einen vollständigen Schutz bieten, müssen die anderen Schutzmaßnahmen auch in der zweiten Phase angewandt werden.

Ferner sind Vorbereitungen dafür zu treffen, dass genügend Krankenhausbetten verfügbar gemacht werden können. So schrieb die *Deutsche Gesellschaft für Innere Medizin* Ende April 2006 in einer Pressemitteilung: „Sollte es eines Tages zu einem weltumspannenden Erkrankungsausbruch kommen, würden in Deutschland voraussichtlich 360.000 Menschen einen Platz im Krankenhaus benötigen.“[35]

Auf einem Influenza-Fachkongress in Wien wurde im Oktober 2006 berichtet, dass damals mehr als 95 % aller Impfstoffe in nur neun Ländern produziert wurden, was bedeutete, dass 86 % aller Menschen in Ländern lebten, die selbst keine Produktionskapazitäten besaßen. Wären im Jahr 2007 alle Kapazitäten für den normalen Grippeimpfstoff auf Pandemie-Impfstoff umgestellt, hätten maximal 300 Millionen Menschen versorgt werden können. Bis zum Jahr 2011 begannen elf Entwicklungsländer mit dem Aufbau oder der Inbetriebnahme entsprechender Fertigungsanlagen.[36] Trotz der mittlerweile erfolgten, erheblichen Ausweitung von Produktionskapazitäten gilt es auch weiterhin als illusorisch, dass ein weltweiter Schutz vor einer Influenza-Pandemie durch Impfungen angesichts der Größe der Weltbevölkerung möglich sei.[37]

Sollten allerdings die Autoren eines im Juli 2006 in *Nature* veröffentlichten Berichts recht behalten, dann würden sich alle Planungen für Massenimpfungen – zumindest für die erste Erkrankungswelle – als obsolet erweisen: Sie prognostizierten, dass der Gipfelpunkt der ersten Erkrankungswelle zwei bis drei Monate nach dem Beginn der Pandemie erreicht und die akute Pandemiephase schon nach vier Monaten beendet sein würde.[38]

Für Deutschland hat das Robert Koch-Institut – als *Nationales Referenzzentrum für Influenza* – mehrere Szenarien entwickelt, die als Grundlage für die Abschätzung der Folgen einer Pandemie dienen sollen. Die schlimmste Variante unterstellt 21 Millionen zusätzliche Arztbesuche und bis zu 160.000 Tote. Als realistischer wird allerdings eine mittlere Variante angesehen, bei der aber auch noch ca. 100.000 zusätzliche Todesfälle unterstellt werden.[39] Das Auswärtige Amt hat zudem einen eigenen Pandemieplan[40] erstellt, um den Schutz seiner Mitarbeiter in Auslandsvertretungen zu gewährleisten.

Notfallplanungen

Notfallplanung im deutschsprachigen Raum

Deutschland

In dem Anfang 2005 veröffentlichten Nationalen Pandemieplan für Deutschland wurde für den Fall eines Ausbruchs einer Influenzapandemie als Mindestmaßnahme festgelegt, dass die Therapie aller Erkrankten durch antivirale Arzneimittel sichergestellt sein sollte. Daraufhin begannen die Bundesländer mit Planungen zur Bevorratung entsprechender Medikamente. Ergänzt wurde der nationale Pandemieplan durch detailliertere lokale Planungen der Landkreise und der Gemeinden.[41] Im Jahr 2016 wurde der Nationale Pandemieplan überarbeitet und auch danach noch aktualisiert.[42] Gefördert mit je 10 Millionen Euro wurden die Firmen Novartis und GlaxoSmithKline vertraglich verpflichtet, ihre Produktionskapazitäten so zu erweitern, dass die gesamte Bevölkerung mit einem Pandemie-Impfstoff versorgt werden könnte – das wären zweimal 80 Millionen Dosen.[43][44][45]

Schweiz

Unter der Leitung der Eidgenössischen Kommission für Pandemievorbereitung und -bewältigung (EKP) entstand 2004 der erste schweizerische Influenza-Pandemieplan. Dieser wurde in den folgenden Jahren – zuletzt 2018 – aktualisiert.[46] In der Schweiz besteht ferner ein Pflichtlager mit antiviralen Medikamenten. Zudem wird vom Bundesamt für Gesundheit die vorsorgliche Anschaffung von Atemschutzmasken empfohlen.

Österreich

Da in Österreich die Gesundheitsversorgung Landessache ist, kann der Bund nur Empfehlungen und Koordinationen anbieten. Gleichwohl wurde im Jahr 2006 ein noch immer aktueller *Influenza-Pandemieplan* publiziert (Stand: Februar 2020).[47] Ein Beispiel für die regionalen Pandemiepläne ist die *Influenza-Pandemieplanung für Wien*.[48] Der Österreichische Zivilschutzverband hat zudem einen Ratgeber mit Verhaltensregeln für den Fall einer Pandemie veröffentlicht.[49]

Notfallplanung in den USA

Im Rahmen der Notfallplanung wurde vom „National Vaccine Advisory Committee“ (NVAC) der USA bereits im März 2006 ein Vorschlag vorgelegt, um zu bestimmen, welche Personengruppen im Falle einer Influenzapandemie vorrangig geimpft werden sollen, wenn Impfstoffe nicht für die gesamte Bevölkerung verfügbar sind. Zu diesem vorrangig zu schützenden Kreis gehören die mit der Herstellung und Verteilung des Impfstoffs befassten Personen, Ärzte und Krankenschwestern, hohe Regierungs- und Behördenvertreter, Schwangere sowie Schwerstkranke, bei denen ein erhöhtes Risiko für Lungenentzündungen besteht. Außerdem sollen diejenigen vorrangig geimpft werden, die zu Hause immungeschwächte Personen oder ein Kind von unter sechs Monaten pflegen. Zweite Priorität wurde für folgende Gruppen vorgeschlagen: Menschen jenseits des 65. Lebensjahres, Kinder unter zwei Jahren sowie die Beschäftigten von Polizei und Feuerwehr, von Energieversorgungs- und Transportunternehmen, von Fernsprechanlagen- sowie IT-Firmen.[50] In geringfügig modifizierter Fassung wurden diese Kriterien in die mehrfach aktualisierte Fassung der Richtlinien der US-Gesundheitsbehörden zu Impfmaßnahmen während einer Pandemie übernommen (Stand: Februar 2020).[51]

In den USA wurden zudem seit 2005 erhebliche Gelder bereitgestellt, um eine neue Generation von Technologien zu entwickeln, damit innerhalb von sechs Monaten nach Ausbruch einer Epidemie genug Impfstoff für alle US-Bürger produziert werden kann.[52]

Seit 2005 haben die US-Gesundheitsbehörden ferner eine Website mit Verhaltensregeln für den Pandemiefall geschaltet.[53]

Vorwurf des Einflusses der Pharmaindustrie auf die WHO, die Pandemie-Kriterien zu ändern

---

Laut einer 2015 vom deutschen Arzt Wolfgang Wodarg publizierten Kritik wurde der Pandemie-Plan der WHO 1999 von industriegesponserten Experten verfasst und 2007 als Internationale Gesundheitsvorschrift (IHR 2) vorgeschrieben.[54] Wodarg initiierte dazu eine Untersuchung des Europarates.[55] Ähnliche Kritik äußerte 2015 Thomas Gebauer, Sprecher von Medico international,[56] und auch die Wissenschaftlichen Dienste des Deutschen Bundestages schrieben im März 2019 in einem Sachstandsbericht zur WHO: „In der Vergangenheit sah sich die WHO zunehmend Kritik ausgesetzt, wonach externe nicht-staatliche Akteure wie Unternehmen oder Stiftungen Einfluss auf das operative und normative Geschäft der WHO ausübten und diese für ihre eigenen Zwecke instrumentalisierten.“[57]

Literatur

- Giovanni Boccaccio: *Das Dekameron* (zwischen 1349 und 1353)
- Mary Shelley: *Verney, der letzte Mensch* (1826)
- Alessandro Manzoni: *I Promessi Sposi* (1827, 1842)
- Edgar Allan Poe: *Die Maske des Roten Todes* (1842)
- Jack London: *Die Scharlachpest* (1912)
- Katherine Anne Porter: *Pale Horse, Pale Rider* (1939)
- Albert Camus: *Die Pest* (1947)
- Richard Matheson: *Ich bin Legende* (1954)
- Michael Crichton: *Andromeda* (1969)
- Stephen King: *The Stand* (1978)
- Max Brooks: *Operation Zombie: Wer länger lebt, ist später tot* (2006)
- John Ironmonger: *Der Wal und das Ende der Welt* (2019)

Film und Fernsehen

- The Last Man on Earth (1964)
- Der Omega-Mann (1971)
- Andromeda – Tödlicher Staub aus dem All (1971)
- Zeit des Erwachens (original: *Awakenings*) (1990)
- Stephen Kings The Stand – Das letzte Gefecht (1994)
- Outbreak – Lautlose Killer (1995)
- 12 Monkeys (1995)
- 28 Days Later (2002)
- 28 Weeks Later (2007)
- Pandemic – Tödliche Erreger (2007)
- I Am Legend (2007)
- Doomsday – Tag der Rache (2008)
- Carriers (2009)
- Black Death (2010)
- The Walking Dead (Fernsehserie, seit 2010)
- Contagion (2011)
- World War Z (2013)
- The Last Days – 12 Wochen nach der Panik (2013)
- Helix (Fernsehserie, 2014–2015)

- The Last Man on Earth (Fernsehserie, 2015–2018)
- 12 Monkeys (Fernsehserie, 2015–2018)
- Fear the Walking Dead (Fernsehserie, seit 2015)
- Cargo (2017)
- The Rain (Fernsehserie, seit 2018)

Videospiele

- Resident Evil (Videospielreihe, seit 1996)
- Plague Inc. (2012)
- The Last of Us (2013)
- Tom Clancy's The Division (2016)

Siehe auch

- Disease X
- Seuche

Literatur

- Carlo Caduff: *Warten auf die Pandemie. Ethnographie einer Katastrophe, die nie stattfand.* Aus dem Englischen von Marc Dosch. Konstanz University Press, Konstanz 2017, ISBN 978-3-86253-095-3.
- R. Fock u. a.: *Management und Kontrolle einer Influenzapandemie. Konzeptionelle Überlegungen für einen deutschen Influenzapandemieplan.* In: *Bundesgesundheitsblatt.* Band 44, Nr. 10, 2001, S. 969–980, doi:10.1007/s001030100267.
- W. H. Haas: *Prinzipien und Aspekte der Seuchenalarmplanung am Beispiel der Influenzapandemieplanung.* In: *Bundesgesundheitsblatt.* Band 48, Nr. 9, 2005, S. 1020–1027, doi:10.1007/s00103-005-1120-8.
- Jens Jacobsen: *Schatten des Todes. Die Geschichte der Seuchen.* Philipp von Zabern, Darmstadt 2012, ISBN 978-3-8053-4538-5.
- Marina Levina: *Pandemics and the media* (= *Global crises and the media.* Volume 12). Lang, New York / Bern u. a. 2015, ISBN 978-1-4331-1551-6 (englisch).

- Denis Newiak: *Alles schon mal dagewesen – Was wir aus Pandemie-Filmen für die Corona-Krise lernen können.* Schüren Verlag, Marburg 2020 (fernsehwissenschaftliches Forschungsprojekt mit der Forschungsfrage, wie viel praktisch anwendbares Wissen in „Viren-Filmen“ steckt und welche konkreten Handlungsempfehlungen auch für die COVID-19-Pandemie daraus abgeleitet werden können).
- Manuel Pflug: *Pandemievorsorge – informationelle und kognitive Regelungsstrukturen.* (= *Schriften zum öffentlichen Recht.* Band 1240). Duncker & Humblot, Berlin 2013, ISBN 978-3-428-14073-2.
- Jacques Ruffié, Jean-Charles Sournia: *Die Seuchen in der Geschichte der Menschheit.* 4., erweiterte Auflage. Aus dem Französischen von Brunhild Seeler. Klett-Cotta, Stuttgart 2000, ISBN 3-608-94001-4.
- Peter Schröder-Beck u. a.: *Ethische Aspekte eines Influenzapandemiemanagements und Schlussfolgerungen für die Gesundheitspolitik.* In: *Bundesgesundheitsblatt.* Band 51, Nr. 2, 2008, S. 191–199, doi:10.1007/s00103-008-0449-1.

- Manfred Vasold: *Pest, Not und schwere Plagen. Seuchen und Epidemien vom Mittelalter bis heute.* C. H. Beck, München 1991, ISBN 3-406-35401-7.
- Manfred Vasold: *Grippe, Pest und Cholera. Eine Geschichte der Seuchen in Europa.* Steiner, Stuttgart 2015, ISBN 978-3-515-11025-9.
- Jörg Vögele, Stefanie Knöll, Thorsten Noack (Hrsg.): *Epidemien und Pandemien in historischer Perspektive.* Springer VS, Wiesbaden 2016, ISBN 978-3-658-13874-5.
- Stefan Winkle: *Kulturgeschichte der Seuchen.* Komet, Düsseldorf/Zürich 1997, ISBN 3-933366-54-2 (3., verbesserte und erweiterte Auflage unter dem Titel *Geißeln der Menschheit. Kulturgeschichte der Seuchen.* Artemis & Winkler, Düsseldorf/Zürich 2005, ISBN 978-3-538-07159-9).
- Tobias H. Witte: *Recht und Gerechtigkeit im Pandemiefall. Bevorratung, Verteilung und Kosten knapper Arzneimittel im Falle eines Seuchenausbruchs.* (= *Münsterische Beiträge zur Rechtswissenschaft.* Band 24). Nomos, Baden-Baden 2013, ISBN 978-3-8487-0687-7.

Weblinks

- Robert Koch-Institut: Influenza-Pandemieplanung für Deutschland
- Deutsches Bundesamt für Bevölkerungsschutz und Katastrophenhilfe: *Handbuch Betriebliche Pandemieplanung* (PDF, 4,36 MB)
- Unterrichtung durch die Bundesregierung: *Risikoanalyse Bevölkerungsschutz Bund: Pandemie durch [hypothetisches] Virus „Modi-SARS“.* In: *Bericht zur Risikoanalyse im Bevölkerungsschutz 2012* (PDF, 2,8 MB), S. 5; Szenario S. 55–87
- Europäisches Zentrum für die Prävention und die Kontrolle von Krankheiten (ECDC): *Influenza pandemic preparedness*
- WHO: *Pandemic Influenza Risk Management. WHO Interim Guidance* (Pandemie-Planung der Weltgesundheitsorganisation, Stand: Mai 2017)
- U.S. Department of Health & Human Services: *Pandemic Basics*
- *Pandemic Influenza and Avian Influenza* (Pandemieplan der japanischen Gesundheitsbehörden)

- Theodor Dingermann, Institut für Pharmazeutische Biologie, Goethe-Universität Frankfurt/Main: *Die drohende Influenza-Pandemie* (Podcast, 5 Teile; Stand: 2006)
- Grant Sanderson: *Simulating an epidemic.* In: *YouTube*. 27. März 2020 (englisch).
- Literatur von und über Pandemie im Katalog der Deutschen Nationalbibliothek

Einzelnachweise

---

1. ↑ https://www.duden.de/rechtschreibung/Pandemie#bedeutung
2. ↑ Robert Koch-Institut (RKI): *Was ist eine Pandemie?* Auf: *rki.de*, zuletzt eingesehen am 26. Februar 2020.
3. ↑ WHO (Hrsg.): *Pandemic Influenza Risk Management*, S. 13. World Health Organization, Genf 2017, Volltext.
4. ↑ Wilhelm Pape, Max Sengebusch (Bearb.): *Handwörterbuch der griechischen Sprache*. 3. Auflage, 6. Abdruck. Vieweg & Sohn, Braunschweig 1914 (zeno.org [abgerufen am 13. Februar 2020]).
5. ↑ Markus Becker: *Mathematische Vorhersage: Wie eine Seuche die Welt überzieht.* In: *Spiegel Online*. 19. Oktober 2004, abgerufen am 23. Februar 2020.
6. ↑ WHO: *Emergencies preparedness, response.* Auf: *who.int* vom 11. Mai 2009, zuletzt eingesehen am 26. Februar 2020.
7. ↑ *Past pandemics that ravaged Europe.* BBC News, 7. November 2005.

8. ↑ *Global HIV & AIDS statistics – 2020 fact sheet.*

9. ↑ *Coronavirus Update (Live): 25,091,068 Cases and 844,653 Deaths from COVID-19 Virus Pandemic - Worldometer.* Abgerufen am 29. August 2020(englisch).

10. ↑ https://correctiv.org/faktencheck/2020/03/18/coronavirus-um-was-es-bei-dem-angeblichen-geheimplan-der-regierung-2012-wirklich-ging

11. ↑https://www.bbk.bund.de/SharedDocs/Downloads/BBK/DE/Downloads/Krisenmanagement/BT-Bericht_Risikoanalyse_im_BevSch_2012.html

12. ↑ https://www.tagesspiegel.de/politik/bill-gates-wusste-es-schon-2015-wir-sind-nicht-bereit-fuer-eine-epidemie/25684792.html

13. ↑ https://www.t-online.de/gesundheit/krankheiten-symptome/id_84584804/grippeepidemie-forscher-warnen-vor-zweiter-spanischer-grippe-.html

14. ↑ https://www.ncbi.nlm.nih.gov/pmc/articles/PMC6466186/

15. ↑ Arbeitsgemeinschaft Influenza: *Bericht zur Epidemiologie der Influenza in Deutschland. Saison*

2017/18. S. 33–34. Auf: *influenza.rki.de*. Datenstand: 6. Juni 2018, doi:10.17886/rkipubl-2018-003.

16. ↑ *Hochspringen nach:a b c d* WHO (Hrsg.): *Pandemic Influenza Risk Management*, S. 26. World Health Organization, Genf 2017.

17. ↑ 50 Millionen laut: Niall P.A.S. Johnson und Juergen Mueller: *Updating the Accounts: Global Mortality of the 1918–1920 ‚Spanish' Influenza Pandemic.* In: *Bulletin of the History of Medicine.* Band 76, Nr. 1, 2002, S. 105–115, doi:10.1353/bhm.2002.0022.

18. ↑ *Die schlimmsten Grippe-Pandemien der Neuzeit.* Auf: *welt.de* (unter Verweis auf die Nachrichtenagentur TASS)

19. ↑ *WHO global influenza prepared ness plan.* (PDF; 373 kB). Stand: 2005, zuletzt abgerufen am 23. Februar 2020; WHO: diverse Download-Angebote

20. ↑ RKI: *Hat die Weltgesundheitsorganisation die Pandemiephasen-Definition geändert, damit eine Pandemie ausgerufen werden konnte?* Auf: *rki.de* vom 2. August 2010.

21. ↑ *Current WHO phase of pandemic alert.* (Memento vom 17. Juni 2009 im *Internet Archive*)

22. ↑ WHO (Hrsg.): *Pandemic Influenza Risk Management*, S. 10. World Health Organization, Genf 2017. WHO: *Why has the guidance been revised?* Erläuterungen zur Überarbeitung der Pandemie-Leitlinien aus dem Jahr 2013, zuletzt eingesehen am 28. Februar 2020.

23. ↑ WHO (Hrsg.): Pandemic Influenza Risk Management, S. 13. World Health Organization, Genf 2017.

24. ↑ *Influenza Pandemic Plan. The Role of WHO and Guidelines for National and Regional Planning.* Auf: *who.int*, Genf, April 1999.

25. ↑ Kenneth A. McLean et al.: *The 2015 global production capacity of seasonal and pandemic influenza vaccine.* In: *Vaccine.* Band 34, Nr. 45, 2016, S. 5410–5413, doi:10.1016/j.vaccine.2016.08.019.

26. ↑ *Schutzimpfung gegen Pneumokokken: Häufig gestellte Fragen und Antworten.* Auf: *rki.de*, Stand: Dezember 2016, zuletzt eingesehen am 25. Februar 2020.

27. ↑ *Impfplan Österreich 2020, S. 75–83.*

28. ↑ Schweizerischer Impfplan 2020

29. ↑ *Prioritizing diseases for research and development in emergency contexts.*Auf: *who.int*, Stand vom 9. Mai 2020.

30. ↥ *Methodology for Prioritizing Severe Emerging Diseases for Research and Development.* Auf: *who.int*, Stand vom Februar 2017, zuletzt eingesehen am 9. Mai 2020.

31. ↥ *WHO publishes list of top emerging diseases likely to cause major epidemics.*Auf: *who.int* vom 10. Dezember 2015.

32. ↥ WHO: *Current WHO global phase of pandemic alert: Avian Influenza A(H5N1).*. Für das Influenza-A-Virus H1N1 wurde die Warnstufe am 27. April 2009 auf 4 und am 29. April 2009 auf 5 erhöht; später wurde sie aufgehoben („post-pandemic"): *Current WHO phase of pandemic alert for Pandemic (H1N1) 2009 .* Zugriff am 23. Februar 2020.

33. ↥ *Deutschland ohne Grippeschutz.* Fernsehsendung *FAKT* vom 14. Februar 2005 (Memento vom 11. Februar 2009 im *Internet Archive*)

34. ↥ Netzeitung Deutschland: *BUND-Szenario: 160.000 Vogelgrippe-Tote.*(Memento vom 1. Mai 2012 im *Internet Archive*)

35. ↥ *Kommt die Influenzapandemie?* (Memento vom 25. November 2015 im *Internet Archive*) Pressemitteilung der Deutschen Gesellschaft für Innere Medizin, April 2006 (PDF; 26 kB).

36. ↑ *2nd WHO Consultation on Global Action Plan for Influenza Vaccines.* Auf: *who.int* vom 15. Juli 2011, Zugriff am 23. Februar 2020.

37. ↑ Joachim Müller-Jung: *Strohhalme für die Pandemie.* In: *FAZ.net*. 23. Oktober 2006, abgerufen am 23. Februar 2020.

38. ↑ Neil M. Ferguson u. a.: *Strategies for mitigating an influenza pandemic.* In: Nature. Band 442, Nr. 7101, 2006, S. 448–452, doi:10.1038/nature04795.

39. ↑ Bild d. Wissenschaft 1/2006.

40. ↑ *Influenza Pandemieplan – Ausland – des Auswärtigen Amts.* (PDF; 243 kB)(Memento vom 24. September 2015 im *Internet Archive*)

41. ↑ Als Beispiel: *Kommunaler Influenzapandemieplan der Stadt Frankfurt am Main, Update 2012.* (Zuletzt eingesehen am 26. Februar 2020) und Hintergründe dazu seitens der Landesärztekammer Hessen (Memento vom 11. Dezember 2009 im *Internet Archive*) (PDF; 475 kB) In: *Hessisches Ärzteblatt* 12/2007.

42. ↑ Deutschland: *Nationaler Pandemiplan, Teil 1: Strukturen und Maßnahmen.* Stand: 2. März 2017.

Deutschland: *Nationaler Pandemiplan, Teil 2: Wissenschaftliche Grundlagen.*Stand: 30. Januar 2016

43. ↑ Frankfurter Allgemeine Zeitung Nr. 248 vom 25. Oktober 2006, S. N1

44. ↑ *Vertragsvereinbarung des Bundes und der Länder mit GlaxoSmithKline über die Bereitstellung von Pandemie-Impfstoffen.* (PDF) Antwort der Bundesregierung auf die Kleine Anfrage der Abgeordneten Dr. Harald Terpe u. a., Drucksache 17/365 vom 23. Dezember 2009.

45. ↑ *Aussagen der Bundesregierung zum Zustandekommen und zur Ausgestaltung der Verträge über die Bereitstellung von Pandemie-Impfstoffen* (PDF) vom 17. Februar 2010.

46. ↑ *Influenza-Pandemieplan Schweiz.* (Stand: 2018) Zuletzt eingesehen am 24. Februar 2020

47. ↑ *Influenza Pandemieplan für Österreich*. Zuletzt eingesehen am 24. Februar 2020.

48. ↑ *Influenza-Pandemieplanung für Wien.* Zuletzt eingesehen am 25. Februar 2020.

49. ↑ *Österreichischer Zivilschutzverband: Ratgeber Grippe-Pandemie.* (PDF; 477 kB, zuletzt eingesehen am 25. Februar 2020).

50. ↥ Ezekiel J. Emanuel und Alan Wertheimer: *Who Should Get Influenza Vaccine When Not All Can?* In: Science. Band 312, Nr. 5775, 2006, S. 854–855, doi:10.1126/science.1125347.

51. ↥ CDC: *Allocating and Targeting Pandemic Influenza Vaccine During an Influenza Pandemic.* Auf: *cdc.gov*, zuletzt eingesehen am 25. Februar 2020.

52. ↥ United States Government Accountability Office (Juni 2011): *Influenza Vaccine. Federal Investments in Alternative Technologies and Challenges to Development and Licensure.* (Memento vom 29. Juni 2011 im *Internet Archive*)

53. ↥ Webseiten US-Gesundheitsbehörden zur Influenza

54. ↥ Originalzitat: „Influenza Pandemic Plan: The Role of WHO and Guidelines for National and Regional Planning' wurde von industriegesponserten Experten gemeinsam mit der European Scientific Working Group on Influenza (ESWI) verfasst. Die ESWI ist eine Organisation, die von Arzneimittelfirmen finanziert wird, die ein großes wirtschaftliches Interesse an diesem Thema haben." In: Wolfgang Wodarg: *„Falscher Alarm: Die Schweinegrippe-Pandemie"* in BIG PHARMA, Mikkel Borch-Jacobsen Hrsg.,

Piper 2015, S. 310 ff; Unterkapitel *Die WHO lässt sich kaufen* ff; [1] (PDF), zuletzt abgerufen im März 2020

55. ↑ Albrecht Meier: *Anhörung: Europarat rügt Panikmache bei Schweinegrippe.* Auf: *zeit.de* vom 27. Januar 2010, zuletzt abgerufen am 14. April 2020. Zitat: „Experten haben der Weltgesundheitsorganisation vorgeworfen, unnötig zur Aufregung um die Amerikagrippe beigetragen zu haben. Milliardenkosten waren die Folge."

56. ↑ *Weltgesundheitsorganisation: „Eine Geisel potenter Geldgeber".* Auf: *deutschlandfunkkultur.de* vom 18. Mai 2015.

57. ↑ *Deutscher Bundestag, Wissenschaftliche Dienste: Sachstand Weltgesundheitsorganisation.* Aktenzeichen: WD 2-3000 -013/19, Stand vom 14. März 2019.

II. Impfung:

Die seltsame Pandemie

Warum das Impfen gegen das Virus SARS-CoV-2 vielleicht gar keine so gute Idee ist.[2]

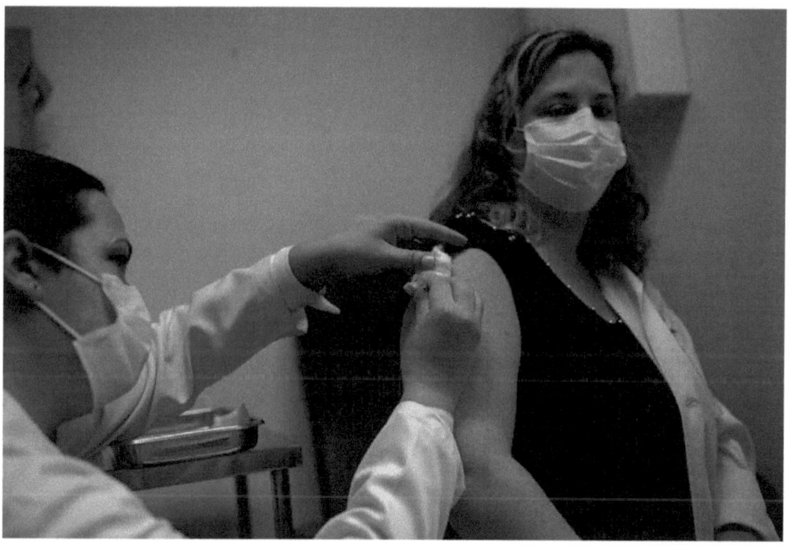

Welche Risiken birgt eine Impfung gegen SARS-CoV-2 und welche Chancen stehen dem gegenüber. Eine der Fragen, über die Mediziner in Streit geraten.

---

[2] Vgl. https://www.die-tagespost.de/leben/glauben-wissen/die-seltsame-pandemie;art4886,211500

Der erste Impfstoff wurde Ende des 18. Jahrhundert von dem englischen Landarzt Edward Jenner entwickelt. Jenners Erfolg war so durchschlagend, dass er bis heute die Blaupause für alle Impfprogramme darstellt. Die Pockenimpfung zeigt nämlich die vier Merkmale, die einen guten Impfkandidaten auszeichnen. Die Erkrankung, gegen die geimpft wird, muss so schwerwiegend sein, dass sie die Impfung einer großen Zahl von Menschen rechtfertigt. Denn geimpft werden Gesunde, die mit dem Erreger vielleicht nie in Kontakt kommen werden. Daher muss man sicher sein, dass der Nutzen die Risiken mit großer Sicherheit und mit großem Abstand überwiegt. Ist dies nicht der Fall, stellt die Impfung eine Körperverletzung dar.

Leitprinzipien ärztlichen Handelns

Dieses Vorsorgeprinzip, das in dem Diktum „primum nihil nocere" („zunächst keinen Schaden anrichten") Ausdruck findet, bildet seit mehr als 2000 Jahren das Leitprinzip allen ärztlichen Handelns. Diese Brisanz ist auch der Grund, warum die Impfstoffherstellung lange Zeit ausschließlich in staatlicher Hand lag. Auch darf der Erreger sich nicht verändern. Kommt es zu häufigen Mutationen, ist Impfen so, als würde man mit einem fixierten Gewehr auf ein bewegliches Ziel schießen: Man kann ins Schwarze treffen, aber meistens schießt man daneben. Drittens sollte der Erreger nur beim Menschen vorkommen, denn seine Ausrottung ist nur dann möglich, wenn er im Tier keinen Unterschlupf findet. Schließlich sollte eine Impfung einen langfristigen und umfassenden Schutz gegen die Zielerkrankung gewährleisten.

Meist dauert die Entwicklung eines neuen Impfstoffs sechs bis zehn Jahre. Erst muss der Impfstoff in Zellkulturen, in Hühnereiern oder mittels molekularbiologischer Prozesse hergestellt werden. Diese Herstellung bildet aber nur einen kleinen Teil der Gesamtentwicklung. Besonders anspruchsvoll ist nämlich die Prüfung, die in einer vorklinischen Phase im Reagenzglas sowie im Tierversuch, gefolgt von drei klinischen Phasen in Testpersonen erfolgt. In der ersten klinischen Phase wird meist an weniger als hundert Menschen die Verträglichkeit des Impfstoffs überprüft. Geklärt werden dabei Fragen wie: Treten Rötungen oder Schmerzen an der Einstichstelle auf? Kommt es zu Entzündungen? Gibt es gar Todesfälle?

Lange Beobachtungsphase auf Nebenwirkungen

Übersteht der Impfstoff diese Phase, die Wochen bis Monate dauert, wird in der zweiten Phase an bis zu 1 000 Testpersonen untersucht, ob die Impfung überhaupt eine Immunreaktion hervorruft. Ist dies der Fall und zeigt der Impfstoff keine gravierenden Nebenwirkungen, erfolgt die dritte und längste Testphase. Hierbei werden meist 30 000 bis 50 000 Testpersonen in zwei Gruppen aufgeteilt, von denen die eine den neuen Impfstoff, die andere Placebo erhält. Beide Gruppen werden dann in der Regel vier bis sechs Jahre lang einer Infektion mit dem Zielerreger ausgesetzt. Danach wird untersucht, ob in der Impfstoff-Gruppe weniger oder zumindest mildere Infektionen als in der Placebo-Gruppe aufgetreten sind. Die lange Beobachtung vieler Menschen dient auch dazu, seltene, schwere Nebenwirkungen zu entdecken.

Derzeit wartet die ganze Welt auf den neuen Impfstoff gegen „Corona“. In einem Video-Podcast sagte Bundeskanzlerin Angela Merkel, es gehe darum, „wie wir für alle Menschen auf der Welt Impfstoffe entwickeln“. US-Präsident Donald Trump kündigte im Fernsehen sogar seine Bereitschaft an, „die erste Person zu sein, die den Impfstoff bekommt“. In einem Radiointerview sinnierte Bayerns Ministerpräsident Markus Söder darüber, Ärzten, die sich weigern, Impfstoffe wie den gegen Corona zu verabreichen, die Zulassung zu entziehen. Dabei weicht fast alles rund um die Entwicklung des Impfstoffs gegen das Virus SARS-CoV-2 von den Prinzipien der Impfstoffentwicklung ab.

Eignung für eine Massenimpfung ist fraglich

Damit ein Erreger sich als Impfkandidat eignet, muss er für alle eine erhebliche Gefahr darstellen. Es wird aber immer klarer, dass schwere Covid-19 Verläufe mit wenigen Ausnahmen auf hochbetagte Menschen mit Vorerkrankungen beschränkt sind. Für die restliche Bevölkerung sind Verläufe eher mild und besonders bei Kindern oft symptomfrei. Dazu ist das Virus äußerst mutationsfreudig und in der Tierwelt nahezu ubiquitär. Neuere Daten deuten auch darauf hin, dass eine Immunogenität des Impfstoffs schwer zu erreichen sein könnte. So ist nicht sicher, ob Antikörper allein schützen oder ob nicht die sogenannte zellvermittelte Immunität im Vordergrund steht. Darüber hinaus scheint nach einer Infektion der Antikörperspiegel rasch wieder abzufallen, bei einer Impfung wäre dieser Abfall noch wahrscheinlicher. All dies lässt fraglich erscheinen, ob SARS-CoV-2 sich überhaupt als Kandidat für eine Massenimpfung oder gar eine Massenimpfpflicht eignet.

Derzeit werden etwa 200 Impfstoffkandidaten gegen SARS-CoV-2 entwickelt, von denen mindestens zehn bereits in der klinischen Erprobung sind. Für alle Kandidaten gilt: Dass die Testphasen dabei so verkürzt werden, wie dies gerade geschieht, ist hochproblematisch. Zwar kann man durch Beseitigung bürokratischer Hürden Zeit gewinnen. Auch benötigt man bei mRNA- oder DNA-Impfstoffen weniger Zeit für die Herstellung, als bei konventionellen Impfstoffen. Aber mehr als etwa ein Jahr lässt sich insgesamt nicht einsparen. Jede Verkürzung der anschließenden Testphasen ist mit einem höheren Risiko für Nebenwirkungen und mit einer schlechteren Beurteilung der Wirksamkeit verbunden. Dies ist mit keinem noch so ausgeklügelten Testverfahren zu umgehen, sondern eine biologische Tatsache.

Problematische Zelllinien bei Impfstoffen

Viele der Impfstoffe sind auch aus anderen Gründen problematisch. So etwa der von der Universität Oxford und dem Pharmaunternehmen AstraZeneca entwickelte Impfstoff, der sich bereits in der dritten klinischen Testphase befindet. Dieser Impfstoff, der aus einem Affen-Adenovirus besteht, das auf seiner Oberfläche das SARS-CoV-2-Stachelprotein trägt, wird in einer Zelllinie produziert, die aus den Nieren eines wahrscheinlich 1972 abgetriebenen Kindes gewonnen wurde. Ähnliche Kandidaten, wie etwa der von CanSino Biologics Inc. und dem Institut für Biotechnologie des chinesischen Militärs entwickelte Impfstoffkandidat, sowie eine Variante der Universität von Pittsburgh, verwenden entweder diese Nierenzelllinie oder eine weitere Zelllinie von einem 1985 abgetriebenen Kind.

Fünf weitere Impfstoffe, die sich in der klinischen Erprobung befinden, bestehen aus messenger-RNA (mRNA)-Molekülen, die unter die Haut oder ins Muskelgewebe gespritzt und von unseren eigenen Körperzellen aufgenommen werden. mRNA, ein molekularer Vetter der Erbsubstanz DNA, dient dazu, die Erbinformation der DNA an das Ribosom, das „Fließband der Eiweißherstellung", in der Zelle zu übermitteln. Die mRNA im Impfstoff, die aufgebaut ist wie die RNA im SARS-CoV-2-Virus, „kapert" unsere Zellen und bringt sie dazu, Teile des SARS-CoV-2-Virus herzustellen und auszuscheiden. Diese lösen daraufhin, so die Theorie, eine schützende Immunreaktion gegen das Virus aus.

Gefahr schwerer Autoimmunreaktionen

Das mRNA-Impfprinzip, an dem seit über 20 Jahre gearbeitet wird, klingt vielversprechend, ist aber mit erheblichen Risiken behaftet. Deshalb wurden mRNA-Impfstoffe bisher nur in der Tiermedizin (Lachs und Schwein) und nicht beim Menschen zugelassen. Das Hauptrisiko besteht in der möglichen Auslösung schwerer Autoimmunreaktionen. Die Immunabwehr richtet sich nicht nur gegen den Erreger, sondern auch gegen Bestandteile des eigenen Körpers. Gegen die Lungenkrankheiten SARS und MERS, die wie Covid-19 durch Coronaviren verursacht wurden, sind seinerzeit mRNA-Impfstoffe entwickelt worden. Diese hatten nicht nur keine Langzeiteffizienz, sondern verursachten schwere Autoimmunreaktionen im Lungengewebe, weshalb sie die klinische Erprobung nicht bestanden.

Ein weiterer Kandidat in der klinischen Testung besteht nicht aus mRNA, sondern aus der Erbsubstanz DNA, die Probanden direkt gespritzt wird. Die Wirkungsweise ähnelt der der mRNA-Impfstoffe, wobei die DNA eine Stufe vor der mRNA in die Informationskette eingeschaltet wird. Daher birgt der DNA-Impfstoff nicht nur dieselben Risiken wie ein mRNA-Impfstoff, sondern auch zusätzliche andere. So kann es zu einer Immunreaktion gegen die DNA selbst kommen, deren Auswirkungen nicht geklärt sind. Darüber hinaus – und hinsichtlich der Auswirkungen wesentlich gravierender – besteht die Möglichkeit, dass sich ein Teil der Impfstoff-DNA in unsere eigene DNA integriert. Ein solche Insertion an der falschen Stelle kann zu schwerwiegenden unbeabsichtigten Folgen, etwa zur Krebsentwicklung führen. Über einen solchen Effekt liegen keine Berichte vor, was den Biochemiker und Leiter des Paul-Ehrlich-Instituts, Klaus Cichutek, zu der Aussage verleitete, dass „[w]ir … bei den DNA-Impfstoffen lange Jahrzehnte damit verbracht [haben], einem theoretischen Risiko nachzugehen, das sich dann am Tier und in klinischen Prüfungen eigentlich nie bewahrheitet hat“. Diese Aussage muss als verkürzt angesehen werden, denn es hat keine Langzeitstudie bei einer größeren Zahl von Menschen gegeben. Dazu stammen die meisten

Veröffentlichungen zu der Frage aus den Forschungslaboratorien der Impfstoffhersteller.

Überhastete Entwicklung des Impfstoffs birgt Sicherheitsrisiken

Die Anforderungen an einen Impfstoff in Bezug auf Sicherheit und Wirksamkeit sind viel höher als die an Medikamente. Das gilt erst recht, wenn die ganze Menschheit als Empfänger im Gespräch ist. Das SARS-CoV-2-Virus ist als Kandidat für eine Massenimpfung nicht besonders geeignet. Das überhastete Entwicklungsprogramm kann die benötigte Sicherheit nicht gewährleisten. Fast alle der sich derzeit in der klinischen Prüfung befindenden Impfstoffe sind entweder unethisch oder basieren auf Wirkprinzipien, deren Langzeitwirkungen und -effektivität an Menschen nie getestet wurden. Bei der Impfstoffherstellung aber steckt der Teufel im Detail. Trotz intensiver Forschung über mehrere Jahrzehnte haben wir deshalb immer noch keinen Impfstoff gegen HIV oder Malaria. Und auch die Effektivität der jährlichen Grippeimpfung bewegt sich nur zwischen 10 und 30 Prozent. Der 2010 mit heißer Nadel gestrickte Impfstoff gegen die Schweinegrippe erwies sich als Fiasko, sowohl was sein Nebenwirkungsprofil betraf, als auch hinsichtlich seiner Wirksamkeit. Es kann sein, dass es am Ende nicht gelingt, einen Impfstoff gegen SARS-CoV-2 zu finden. Aber dieses Ergebnis ist allemal besser, als mit einem halbfertigen und unwirksamen Produkt massive gesundheitliche Schäden anzurichten, für die dann – das darf nicht vergessen werden – nicht der Impfstoffhersteller, sondern die Allgemeinheit aufzukommen hätte. Im Rückblick könnte sich ein solches Szenario als die größte Fehlentscheidung der ganzen Corona-Episode erweisen.

Kurz gefasst

Im Zeichen des Virus SARS-CoV2 erdulden wir viele Interventionen, die vor wenigen Monaten noch niemand für möglich gehalten hätte und deren wirtschaftliche, gesundheitliche und gesellschaftspolitische Konsequenzen wir erst langsam erahnen. Von all den Maßnahmen hat jedoch keine das Potenzial, solche Probleme zu stiften wie die überstürzte Suche nach neuartigen Impfstoffen, die, je weniger sie den üblichen Prüfprozessen unterzogen werden, umso breiter weltweit Anwendung beim Menschen finden sollen. Das ist aus mehreren Gründen überaus gefährlich.

III. Edward Jenner:

KLEINER PIKS, GROSSE WIRKUNG

Edward Jenner: Der Mann, der das Impfen erfand[3]

Lange sind Menschen Infektionskrankheiten schutzlos ausgeliefert.

Doch im Jahr 1796 wagt der Arzt Edward Jenner ein riskantes Experiment:

Er steckt den Jungen James Phipps mit harmlosen Kuhpocken an, um ihn vor gefährlichen Menschenpocken zu schützen

---

3 Vgl. https://www.geo.de/geolino/mensch/22100-rtkl-kleiner-piks-grosse-wirkung-edward-jenner-der-mann-der-das-impfen-erfand

1796: Stillhalten! Edward Jenner infiziert James Phipps mit Pocken

Edward Jenner wagt ein Experiment

Die Medizin hätte einen ihrer größten Siege nicht erringen können, wäre da nicht ein kleiner, ängstlicher Junge gewesen... 1. Juli 1796, in der Stadt Berkeley im Westen Englands: „Halt still, es ist nur ein kleiner Ritzer“, rügt Edward Jenner den achtjährigen Jungen, der mit panischen Augen vor ihm sitzt. James Phipps würde gern wegrennen. Doch sein Vater, der als Gärtner bei Jenner arbeitet, hat ihm gesagt, er solle gehorchen.

Schon vor sechs Wochen musste sich James von dem Arzt ritzen lassen. Damals rieb Jenner ihm Eiter in die Wunde. Die eklige, gelbliche Flüssigkeit stammte aus den Hautbläschen einer Frau, die an Kuhpocken erkrankt war. James bekam ebenfalls Kuhpocken. Das war unangenehm, die Pusteln juckten, aber es war nicht gefährlich. Nach zehn Tagen war James wieder gesund.

Diesmal könnte es anders ausgehen: Denn der Arzt will James mit Menschenpocken infizieren – einer der grausamsten Krankheiten überhaupt! James zuckt kurz, als das Messer in seine Haut schneidet und Jenner die Wunde mit Eiter aus der Pustel eines Pockenkranken beschmiert.

Als der Junge nach Hause geht, weiß niemand: Wird er erkranken? Die Antwort auf diese Frage ist nicht nur für James und seinen Arzt wichtig – sondern für die gesamte Menschheit.

Tödliche Winzlinge

Denn damals bedrohen etliche todbringende Seuchen die Menschen: Da ist die Pest, die in Wellen über Europa hereinbricht und ganze Länder entvölkert. Polio, besser als „Kinderlähmung" bekannt, macht unzählige Mädchen, Jungen und Erwachsene bewegungsunfähig. Diphterie lässt Hals und Rachen Erkrankter anschwellen, bis sie nicht mehr atmen können. Es gibt zudem Masern, Schweißfieber, Grippe, Cholera, Typhus, Syphilis... Und eben die Pocken: Jeder zehnte Brite stirbt im 18. Jahrhundert daran, in den Städten, wo man eng beisammen lebt, gar jeder Fünfte!

Was die Menschen damals noch nicht wissen: Die Krankheiten werden durch Viren und Bakterien ausgelöst, winzige, mit dem bloßen Auge unsichtbare Erreger, die sich oft in Windeseile verbreiten. Am schlimmsten trifft es die Kinder. Viele erleben ihren fünften Geburtstag nicht. Auch der Arzt Edward Jenner litt als Junge unter den Pocken und überlebte nur knapp. Nun, Jahre später, kommen noch immer Pockenkranke in seine Praxis. Wie kann er ihnen helfen?

Edward Jenner (17. Mai 1749 - 26. Januar 1823)

Die Spur

Jenner spricht mit Kollegen über die Krankheit: Er hört, dass Melkerinnen zwar oft an Kuhpocken erkranken, aber nur selten an Menschenpocken! Könnte es also sein, dass die Kuhpocken vor den mörderischen Menschenpocken schützen? Jenner ist von dem Gedanken begeistert. Doch er muss ihn überprüfen. Jenner fahndet nach einem menschlichen Versuchskaninchen und findet – James Phipps.

Und der überlebt das Experiment tatsächlich. Ja, er wird nicht einmal krank! Offensichtlich hat sein Körper nach der Infektion mit Kuhpocken Abwehrkräfte gegen die Menschenpocken entwickelt. Jenner nennt sein Verfahren „Vaccination", nach *vacca*, dem lateinischen Wort für Kuh. Um seine Methode bekannt zu machen, schreibt er darüber einen Artikel und reicht ihn bei der Royal Society ein, der Gesellschaft der Gelehrten des Landes. Die weist ihn aber zurück, weil der Arzt seine Impfung nur an einer Person getestet hat. Deshalb infiziert Jenner weitere Menschen, sogar seinen erst elf

Monate alten Sohn – und schließlich wird seine Methode von der Royal Society anerkannt.

Herdenimmunität

Die Ausbreitung von Infektionskrankheiten wie Masern könnt ihr euch wie einen **Staffellauf** vorstellen: Ein Kranker steckt gesunde Menschen an, die ihm nahe kommen. Die geben die Erreger weiter. Sind genug Menschen geimpft, wird die Staffel rasch unterbrochen: Der Kranke trifft zu wenige Menschen, die er anstecken kann – die Ausbreitung wird verhindert. Alle sind sicher, sogar die **Ungeimpften**. Forscher nennen das Herdenimmunität.

Doch nicht alle Zeitgenossen sind davon begeistert. Menschen mit Kuhpocken infizieren? „Gottlos!“, wettern Vertreter der Kirche. Zeitungen drucken Spottbilder, auf denen sich Patienten nach der Behandlung in Kühe verwandeln. Und die Kritik an der Impfung wird anhalten. Noch heute gibt es Menschen, die Impfungen ablehnen.

Welt ohne Pocken

Doch Jenners Gegner können den Siegeszug seiner neuen Methode nicht stoppen: Bereits 1807 führt Bayern eine Impfpflicht ein. 1815 folgt Preußen, 1867 England. Ende des 19. Jahrhunderts entwickeln Forscher weitere Impfstoffe gegen Tollwut, Cholera und die Pest. Heute werden Kinder in Deutschland gegen mehr als ein Dutzend Krankheiten geimpft. Die Pocken sind nicht mehr darunter. Denn 1980 verkündet die Weltgesundheitsorganisation WHO: Die Pocken sind besiegt!

IV. Notwendigkeit:

Ist Impfen wirklich nötig?[4]

Impfungen retten jedes Jahr weltweit Millionen Menschen das Leben.

Trotzdem gibt es bei uns noch immer Menschen, die sich weigern, ihre Kinder impfen zu lassen.

Zu Recht?

Wir stellen ein paar ihrer Einwände vor – und gehen darauf ein

---

[4] Vgl. https://www.geo.de/geolino/wissen/22101-rtkl-medizin-ist-impfen-wirklich-noetig

1. Impfungen sind gefährlich. Kinder können durch sie erkranken oder sterben.

Antwort: Wie alle Medikamente können auch Impfstoffe Nebenwirkungen haben. Aber ernsthafte Fälle sind extrem selten. Von einer Million Kindern, die heutzutage gegen Masern geimpft werden, erkrankt weniger als eines schwer. Von einer Million Kindern, die sich ungeimpft mit Masern infizieren, sterben mehr als Tausend. Es ist also ungleich sicherer, sich impfen zu lassen.

2. Die Wirksamkeit von Impfungen wurde nie bewiesen.

Antwort: Stimmt nicht. Anfang der 1960er-Jahre erkrankten in Westdeutschland noch fast 4700 Kinder jährlich an Kinderlähmung. Mit der Einführung der Schluckimpfung sank die Zahl wenige Jahre später auf 50 Fälle, heute sind es null. Das ist nur eines von vielen Beispielen, die beweisen, wie gut Impfungen wirken.

3. Viele Krankheiten, gegen die geimpft wird, kommen bei uns doch gar nicht mehr vor.

Antwort: Stimmt, Krankheiten wie Polio sind bei uns durch Impfungen verschwunden, die Masern sind selten geworden. Wenn sich hierzulande weniger Menschen impfen lassen, können sie aus anderen Ländern aber wieder eingeschleppt werden und sich hier ausbreiten, weil die Bevölkerung ihre Herdenimmunität verliert. Die Impfungen sind also immer noch nötig.

V. Nächstenliebe:

Impfen? Eine Frage der Nächstenliebe[5]

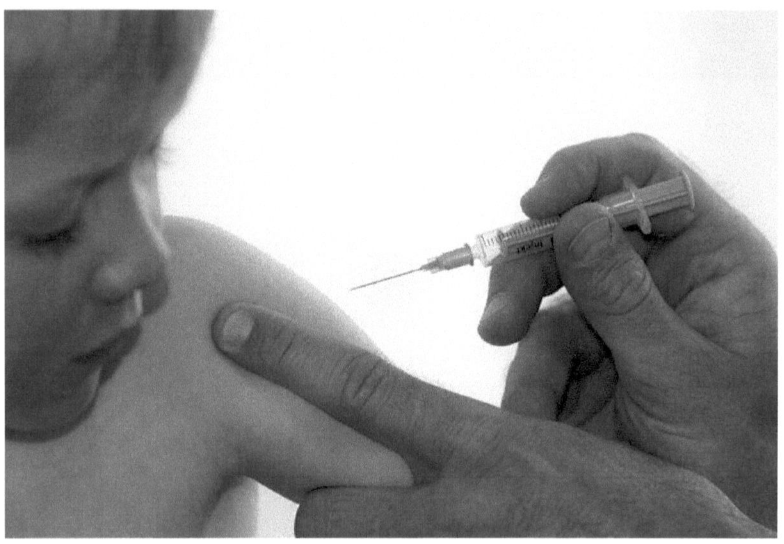

ARCHIV - Ein Kinderarzt impft einen kleinen Jungen (undatierte Aufnahme).

[5] Vgl. https://www.die-tagespost.de/gesellschaft/feuilleton/Impfen-Eine-Frage-der-Naechstenliebe;art310,198693

Nach der Verabschiedung eines neuen Gesetzes sollen Kitas künftig Eltern beim Gesundheitsamt melden müssen, wenn diese keine Impfberatung beim Haus- oder Kinderarzt nachweisen können.

Jens Spahn macht Ernst: Der Bundesgesundheitsminister will Masern-Impfungen für Kinder zur Pflicht machen. Sein Gesetzentwurf sieht vor, dass Eltern mit bis zu 2 500 Euro zur Kasse gebeten werden können, wenn sie ihren Kindern den Impfschutz verweigern. Ebenso droht ein Ausschluss vom Kita-Besuch. Spahn beruft sich dabei auf Zahlen des Robert-Koch-Instituts. Demnach müssen mindestens 95 Prozent der Bevölkerung zwei Masern-Impfungen haben, damit die Krankheit als ausgerottet gelten kann. Derzeit liegt die Impfquote unter Kindern bei gut 93 Prozent – und das reicht laut Robert-Koch-Institut nicht aus. Tatsächlich stieg die Zahl der Masern-Fälle zuletzt weiter an, allein bis Anfang März waren es 170 Neuerkrankungen.

In seiner eigenen Partei erhielt Spahn für seinen Vorstoß viel Zustimmung. CDU-Chefin Kramp-Karrenbauer meinte zwar, ob man seine Kinder impfen lasse, sei eine sehr persönliche Frage. Allerdings seien Masern so gefährlich, dass sie in der Abwägung eine Impf-Pflicht für richtig halte. Wer seine Kinder nicht impfen lasse, gefährde damit auch andere. Zustimmung kam ebenso vom Koalitionspartner SPD sowie von Ärztevertretern. Auch aus Reihen der katholischen Familienverbände in Deutschland kommt Zustimmung. Die Vorsitzende der Katholischen Elternschaft Deutschlands, Marie-Theres Kastner, erklärte gegenüber der „Tagespost", dass ihrer Meinung nach „im Sinne des Gemeinwohls eine Impfpflicht sehr sinnvoll ist". Sie vergleicht die Maßnahme mit dem TÜV, der alle zwei Jahre beim Auto fällig ist – so wie man dort eine Plakette bekomme, sollte es einen Stempel im Impfpass geben, wenn das Kind in eine Großeinrichtung komme, also beispielsweise in eine Kita. Ähnlich argumentiert der Präsident des Familienbundes der Katholiken, Ulrich Hoffmann. Wer auf Masern-Impfungen verzichte, gefährde damit nicht nur seine eigenen Kinder, sondern auch andere. Auch er sieht eine Impfpflicht daher positiv, wie er auf Nachfrage der „Tagespost" sagte. Allerdings sei Überzeugungsarbeit bei den Eltern sinnvoller als das Androhen von

Geldbußen. Da ist Marie-Theres Kastner allerdings skeptisch. Bis 2010 war sie als CDU-Landtagsabgeordnete in Nordrhein-Westfalen im Kinder- und Jugendbereich tätig. Dass es jetzt zu solch drastischen Maßnahmen komme, liegt ihrer Meinung nach nicht daran, dass die Politik geschlafen habe. Stattdessen hätten sich Eltern nicht informiert oder schlicht darauf gehofft, dass schon „nichts passieren würde". Informationen seien lange Zeit erfolgt, allerdings hätten Appelle allein nichts bewirkt. Dass nun auch katholische Familienverbände eine Maßnahme befürworten, die nicht nur in die körperliche Unversehrtheit der Kinder, sondern auch in das Recht der Eltern auf Erziehung eingreift, mag durchaus überraschen. Gerade christliche Vereinigungen haben das Elternrecht immer hoch gehalten. Sowohl Familienbund wie auch Katholische Elternschaft wollen davon auch nicht abrücken. In der Tat habe man das Elternrecht immer sehr hochgeschätzt, betont Familienbund-Präsident Hoffmann. Marie-Theres Kastner ergänzt: „Eltern haben Pflichten und Verantwortung." Und im Sinne dieser Verantwortung – auch den Kindern anderer Eltern gegenüber – sei der Eingriff in das Elternrecht in diesem Fall gering. Seine Kinder impfen zu lassen sei auch eine Sache christlicher Nächstenliebe. Wie allerdings der Staat mit Eltern umgehen soll, die insbesondere aus religiösen Gründen eine Masern-Impfung ihrer Kinder ablehnen, da gehen die Sichtweisen beider Verbandsvorsitzenden durchaus auseinander. Marie-Theres Kastner ist hier rigoros: „Wenn wir eine Impfpflicht einführen, dann gilt die für alle.“ Wer ein Kind hat, der habe es vor Krankheiten zu schützen, so gut es eben gehe. Ausnahmen für religiöse Eltern lehnt sie dementsprechend ab. Ulrich Hoffmann vom Familienbund ist da vorsichtiger. Richtig sei es, ungeimpfte Kinder vom Kita-Besuch auszuschließen. Hier seien andere Kinder gefährdet, deshalb habe er für diese Maßnahme Verständnis. Wenn Eltern aus Gewissensgründen eine Impfung ablehnen, will er weiter auf Überzeugung setzen, statt sofort mit Geldbußen zu drohen.

VI. Gemeinsam:

Video-Podcast

Ein Impfstoff muss allen Menschen zugutekommen[6]

Die Corona-Pandemie kann wegen ihrer weltweiten Ausbreitung nur gemeinsam bekämpft werden.

Das sagt Bundeskanzlerin Merkel in ihrem aktuellen Podcast.

Deutschland beteiligt sich am 4. Mai an einer internationalen Geber-Videokonferenz, zu der die EU-Kommission eingeladen hat.

Dort gehe es darum, "wie wir für alle Menschen auf der Welt Impfstoffe entwickeln, Medikamente und gute Diagnosemöglichkeiten bereitstellen", so Merkel.

Samstag, 2. Mai 2020

[6] Vgl. https://www.bundesregierung.de/breg-de/themen/coronavirus/corona-pandemie-impfstoff-1749946

VII. Geberkonferenz:

Transkript Podcast „Geberkonferenz Covid-19“[7]

02.05.2020

Einleitung:

Das Coronavirus breitet sich überall gleichermaßen aus. Es handelt sich also bei dieser Epidemie um eine Pandemie, um eine weltweite Ausbreitung einer Krankheit, die wir nicht national, sondern nur gemeinsam bekämpfen können. Die G20-Staaten, die immerhin 80 Prozent der Weltwirtschaftskraft repräsentieren, haben deshalb auf einer Videoschaltkonferenz Ende März beschlossen, dass sie die Pandemie gemeinsam bekämpfen wollen. Und Ursula von der Leyen, die Kommissionspräsidentin der Europäischen Union, hat jetzt für den 4. Mai zu einer Geberveranstaltung eingeladen, einer Videokonferenz, bei der Deutschland auch Co-Gastgeber sein wird. Dort soll es darum gehen, wie wir für alle Menschen auf der Welt

---

7 Vgl. https://www.bundesregierung.de/resource/blob/1726066/1749936/1bafdc1cdae76816e056a45d192c402a/download-pdf-data.pdf?download=1

Impfstoffe entwickeln, Medikamente und gute Diagnosemöglichkeiten bereitstellen. Wir werden ganz intensiv und aktiv an dieser Videokonferenz teilnehmen.

Frage: Ist der Kampf gegen die Pandemie eine Chance für mehr internationale Zusammenarbeit?

Jeder Mensch kann an dem Virus erkranken, und deshalb haben wir die Aufgabe, weltweit gemeinsam zu handeln. Es ist also nicht nur eine Chance für gemeinsames Handeln, sondern ich würde sagen, es ist ein Muss. Deutschland stellt sich dieser Verantwortung – und deshalb werden wir auch dafür Sorge tragen, dass ein Impfstoff allen Menschen zugutekommt, wenn er einmal entwickelt wurde, und dass auch die Medikamente, die notwendig sind, und die Diagnosemöglichkeiten möglichst vielen zugutekommen. Deshalb begrüße ich es sehr, dass nicht nur Regierungen, sondern auch private Stiftungen wie zum Beispiel die Melinda- und Bill-Gates-Stiftung und private Akteure wie Impfstoffhersteller und Medizinhersteller sich zusammengeschlossen haben, um daran zu arbeiten, all diese medizinischen Möglichkeiten für möglichst viele Menschen zu eröffnen. Heute fehlen für die Entwicklung eines Impfstoffes noch geschätzt etwa 8 Milliarden Euro. Gleichzeitig sollten dann auch die Voraussetzungen geschaffen werden, dass gleich große Mengen eines solchen Impfstoffes produziert werden könnten, wenn er einmal vorhanden ist. Und deshalb ist es gut, dass sich jetzt ein großes Bündnis am 4. Mai dieser Arbeit verpflichtet und möglichst viele Akteure auch mit finanziellen Beiträgen diese Impfstoffherstellung, diese Medikamentenherstellung und diese Diagnosemöglichkeiten möglich machen. Dazu gehören Stiftungen wie ich schon sagte, dazu gehört die Impfallianz CEPI, dazu gehört GAVI, und dazu gehört natürlich auch eine große Gruppe von Ländern. Und ich freue mich, dass Saudi-Arabien sich als die G20-Präsidentschaft hier auch ganz aktiv beteiligt.

Frage: Wie wird sich Deutschland beteiligen?

Deutschland wird sich auch mit einem deutlichen finanziellen Beitrag beteiligen. Ich möchte das heute noch nicht verkünden, aber ich darf sagen, dass wir dann auch ganz aktiv die weitere Entwicklung beobachten werden. Es wird viel Koordination gebraucht. Es wird viele bilaterale Kontakte mit anderen Ländern brauchen. Wir wollen eng mit der Weltgesundheitsorganisation zusammenarbeiten, die in dieser Frage eine Schlüsselrolle hat. Bei all diesen Aktivitäten ist Deutschland vorne mit dabei, weil wir als Land daraufsetzen, dass uns nur gemeinsames Handeln, internationales multilaterales Handeln diese Pandemie überwinden lässt. Wir wissen, dass sie überall schwere Schäden auch unserem wirtschaftlichen, sozialen, gesellschaftlichen Leben zufügt. Deshalb müssen wir mit Hochdruck und großer Konzentration daran arbeiten, dieses Virus einzudämmen und dann auch zu besiegen, indem wir einen Impfstoff entwickeln. Und das gehört zu den vornehmsten Aufgaben, um Millionen von Menschenleben zu retten auf dieser Welt.

VIII. Mikrobentheorie:

Wie die Theorie von den tödlichen Mikroben in Medizin und Gesellschaft die Macht ergriff[8]

Die medizinischen Theorien über Bazillen und Viren als von außen kommende Erreger verschiedener Infektionskrankheiten sind von Anfang an mit schweren wissenschafts-methodischen Mängeln behaftet.[1] Hypothesen wurden sehr schnell zu dogmatischen Wahrheiten, ohne dass sie bis heute wirklich bewiesen werden konnten. Doch Ruhmsucht, Geld und die Interessen der aufstrebenden Pharma-Industrie ließen Forscher auch vor Betrug nicht zurückscheuen, um ihren Feindbild-Thesen von den tödlichen Mikroben, die wie Heuschreckenschwärme über Mensch und Tier herfallen, allgemeine Geltung zu verschaffen.

---

[8] Vgl. https://fassadenkratzer.wordpress.com/2020/07/23/wie-die-theorie-von-den-toedlichen-mikroben-in-medizin-und-gesellschaft-die-macht-ergriff/

Schon am Anfang stand der Wissenschaftsbetrug

Bereits die Begründer der medizinischen Mikrobiologie, Louis Pasteur und Robert Koch, konnten betrügerischen Machenschaften nicht widerstehen, wie Torsten Engelbrecht und Dr. Claus Köhnlein in ihrem Buch „Virus-Wahn“ schildern. Pasteur war *„kein Vorbild mit göttlich-reiner weißer Weste, sondern ein ruhmsüchtiger Forscher, der von falschen Grundannahmen ausging und mit ´seinen beiden wichtigsten Experimenten die ganze Welt hinters Licht führte`, wie etwa das Fachmagazin The Lancet im Jahr 2004 schreibt.“* (S. 47)

Pasteur sei in einem geradezu fanatischen Hass gegen Mikroben von dem Glauben ausgegangen, dass durch die Luft fliegende Bakterien für alle möglichen Krankheiten verantwortlich seien und es in einem gesunden Körper keine Bakterien gebe, dieser also keimfrei sei. Doch der Organismus ist auf viele Bakterien angewiesen und Pasteurs Behauptung längst durch Versuche mit Tieren widerlegt, die man von Geburt an in mikrobenfreien Käfigen mit steriler Nahrung hielt, woraufhin sie alle nach wenigen Tagen starben.

„Darüber hinaus hatte ´Tricky Louis´ selbst bei seinen Impf-Experimenten, die ihn in den Olymp der Forschungsgötter

aufsteigen ließen, bewusst gelogen.“ So habe er behauptet, Schafe erfolgreich gegen Milzbrand geimpft zu haben. Doch sei der Vorgang nicht öffentlich dokumentiert worden, und die Impfstoff-Mixtur habe er, wie sich später herausstellte, von dem Forscherkollegen Jean-Joseph Toussaint, dessen Karriere er zuvor durch öffentliche Verbal-Attacken ruiniert habe, heimlich abgekupfert und als seine eigene große Entdeckung verkauft. Auch präsentierte er nach angeblich erfolgreichen, in Wahrheit unwissenschaftlichen Versuchen unter vielen Lobeshymnen einen Tollwut-Impfstoff, der sich später als untauglich herausstellte und der *„die Tollwut eher ausgelöst, als sie verhindert haben dürfte“*, so der Wissenschafts-Historiker Horace Judson.

„Auch Robert Koch war in Wahrheit ein geschäftstüchtiger Schwindler. So verkündete der Mikrobenjäger ´mit übergroßem Ego` 1890 auf dem 10. Internationalen medizinischen Kongress in Berlin vollmundig, er habe ein Wundermittel gegen Tuberkulose entwickelt. Und in der Deutschen Medizinischen Wochenzeitschrift legte er noch nach: Versuche an Meerschweinchen hätten bewiesen, dass es möglich sei, ´die Krankheit völlig zum Stillstand zu bringen, ohne

den Körper in anderer Weise zu schädigen´. Das klang wie ein Wunder.“

Und so war die Reaktion der Weltöffentlichkeit auf das Wundermittel „Tuberkulin“ auch so überwältigend, dass Kranke aus aller Welt nach Berlin, dem Wirkungsort Kochs, in die wie Pilze aus dem Boden schießenden Lungenheilanstalten wallfahrten. Doch das Tuberkulin versagte katastrophal. *„Langzeitheilungen traten nicht auf, stattdessen fuhr vor den Lungenheilanstalten ein Leichenwagen nach dem anderen vor.“*

Alle, an denen das Gebräu zuvor getestet worden war oder die es als vermeintliches Heilmittel erhielten, reagierten mit Schüttelfrost und hohem Fieber oder mit dem Tod. *„Robert Koch sah sich gezwungen, die Zusammensetzung seines Geheimmittels aufzudecken, wobei sich herausstellte, dass er selbst nicht genau wusste, was es enthielt. Es handelte sich um einen Extrakt aus Tuberkelbazillen in Glycerin, auch konnten tote Tuberkelbazillen nachgewiesen werden.“* (Wikipedia) Und Kritiker Kochs, darunter Rudolf Virchow, wiesen auch wissenschaftlich nach, dass Tuberkulin nicht imstande sei, Tuberkulose zu stoppen, vielmehr sei zu befürchten, dass es die Krankheit verschlimmere. *„Koch wurde aufgefordert, Beweise für seine berühmten Meerschweinchen-Versuche vorzubringen – doch er konnte nicht“*, so die Autoren.

Nach Experten wie dem Heidelberger Historiker Chr. Gradmann habe Koch die Markteinführung des Tuberkulin geschickt inszeniert und von langer Hand vorbereitet. Seine Veröffentlichung in der Deutschen Medizinischen Wochenzeitschrift sei zeitgleich mit überaus positiven Erfahrungsberichten seiner Vertrauten flankiert worden. *„Den zu erwartenden Profit kalkulierte der Professor einer ´Tagesproduktion von 500 Portionen Tuberkulin auf 4,5 Millionen Mark jährlich´.“* 1891 wurde Koch Direktor des neu gegründeten Königlich Preußischen Instituts für Infektionskrankheiten, dem heutigen Robert Koch-Institut. 1905 erhielt er für seine Entdeckung des Bazillus, der die Tuberkulose verursachen soll, den Nobelpreis der Medizin.

Typischerweise habe Koch selber nie eingestanden, dass sein Tuberkulin ein Fehlschlag war. Und die Farbwerke Höchst, die einen preisgünstigen Einstieg in die Pharmaforschung suchten, seien in die Tuberkulin-Herstellung eingestiegen, wobei Kochs Schüler Libbertz die Produktion überwachen sollte. Dadurch sei die enge

Kooperation von Kochs Institut mit der aufstrebenden Pharmaindustrie vorangetrieben worden.

Betrug zieht sich durch die weitere Wissenschaftsgeschichte. „*Wie z.B. eine 2005 in der Fachzeitschrift ´Nature´ veröffentlichte Umfrage unter Wissenschaftlern ergab,* ***räumte ein Drittel der Forscher ein, sie würden betrügerische Aktivitäten nicht scheuen*** *und etwa Daten, die ihnen nicht passten, einfach beiseite schieben.*“

„*Genau wie in der Politik und Wirtschaft so werden wir auch in der Forschung mit Betrug bombardiert, getränkt und gepeinigt*“, zitieren die Autoren den renommierten Wissenschaftshistoriker Horace Judson und anschließend die Korruptionsschutz-Organisation „Transparency International“ in ihrem Jahresbericht 2006: „*Global gesehen gibt es Korruption auf allen Ebenen des Gesundheitswesens vom Gesundheitsministerium bis zum Patienten – und der kriminellen Fantasie sind kaum Grenzen gesetzt.*“

Problem mangelhafter Offenheit und Überprüfbarkeit

Das Vertrauen in die Wissenschaft lebt von der Offenheit und der Möglichkeit, dass andere Forscher die vorgelegten Ergebnisse überprüfen können. Doch vieles läuft im Geheimen ab, ohne unabhängige Kontrollen und Überprüfungen, so dass die Versuchungen zum Betrug sehr groß sind. Die *„Gemeinde der Wissenschaft"*, schreibt Horace Judson, sei *„vom Glauben beseelt, sie habe ein Recht auf üppige staatliche Forschungsförderung – und zugleich darauf, von öffentlicher Kontrolle befreit zu sein."* Die etablierte Forschung, schließen die Autoren an, habe es damit tatsächlich geschafft, ihr Wissenschaftsgebäude weitgehend abzuriegeln.

„Es fängt damit an, dass letztlich niemand in der Lage ist, den Forschern bei ihrer Arbeit direkt über die Schultern zu schauen und zu sehen, ob die Daten auf ehrliche Weise aufgezeichnet werden. Man muss also einfach darauf vertrauen, dass sie wahrheitsgetreu vorgehen."

Und praktisch niemand mache sich noch die Mühe, die von den Forscherkollegen präsentierten Daten und Ergebnisse auf ihren Wahrheitsgehalt zu überprüfen. Solche Qualitäts-Checks würden mit

Zeit- und Geldverschwendung gleichgesetzt und daher auch nicht finanziert. Stattdessen sei man voll und ganz damit beschäftigt, dem Neuen und damit dem nachzujagen, was hohe Profite verheißt. Wobei gerade in der heutigen Zeit viele Experimente so kompliziert aufgebaut seien, dass sie gar nicht nachgebaut und damit exakt überprüft werden könnten.

„Zwar könnte man meinen, dass das so genannte Peer-Review-System Betrug weitgehend ausmerzt. Es wird gemeinhin noch als eine heilige Säule des Wissenschaftstempels betrachtet, die die Einhaltung von Qualitätsstandards verspricht. Doch in der Form, wie dieses Peer-Reviewing seit Jahrzehnten praktiziert wird, ist der Wurm drin. Dafür muss man sich nur vergegenwärtigen, wie es funktioniert, und das ist so: Experten (peers), die anonym bleiben, begutachten (to review) die von ihrer Wissenschaftskonkurrenz eingereichten Anträge auf Forschungsprojekte sowie Fachartikel – und entscheiden dann darüber, ob die Anträge gewährt bzw. die Artikel in einem Fachmagazin abgedruckt werden. Rund 50.000 solcher ´peer-reviewed journals´ soll es mittlerweile geben, und alle bekannten Magazine wie Nature, Science, New England Journal of

Medicine, British Medical Journal, The Lancet usw. sind ´peer-reviewed´."

Doch Richard Smith, von 1991 bis 2004 Chef des British Medical Journal sagte dazu aus seiner Erfahrung: „*Peer Reviewing ist leicht zu missbrauchen, ineffektiv beim Aufdecken grober Mängel und fast nutzlos beim Aufdecken von Betrug."* Kein Wunder also, dass all die Betrugsfälle, die der Wissenschaftshistoriker Judson in seinem 2004 erschienen Buch „Der große Verrat. Betrug in der Wissenschaft" schildere, gar nicht durch das Peer-Review-System aufgedeckt worden seien, sondern durch puren Zufall.

Das monokausale Denkschema

Die Autoren von „Virus-Wahn“ konstatieren, dass Ende des 19. Jahrhunderts, als Pasteur und Koch trotz ihrer Betrügereien Berühmtheiten wurden, die Allgemeinheit kaum mehr eine Chance gehabt habe, sich gegen die Mikroben-Propaganda zu stemmen. Schon zu fest hätten die Medizin-Autoritäten, die der simplen Theorie von den Mikroben als Todfeinde anhingen, zusammen mit der aufstrebenden Pharmaindustrie die Zügel der Macht und der öffentlichen Meinung in der Hand gehabt. Damit seien die entscheidenden Weichen für die Etablierung einer Versuchstier-Medizin gestellt worden mit dem Ziel, (angebliche) Wunderpillen (oder –spritzen) gezielt gegen ganz bestimmte Krankheiten zu entwickeln.

Fortan habe man versucht, so gut wie alles in das monokausale Modell „eine Krankheit – ein Erreger – eine (chemische) Wunderkur“ hineinzupressen. Viele krasse Irrtümer und Fehlschläger musste man zwar eingestehen, doch am Kurs hielt man eisern fest. *„So behauptete die herrschende Medizin über lange Zeit und mit Verve, bei Leiden wie Skorbut (Seefahrerkrankheit), Pellagra (raue Haut) oder Beriberi (Minenarbeiter- und Gefängniskrankheit) würde es sich* *um durch Keime verursachte Krankheiten handeln. Bis die Orthodoxie schließlich zähneknirschend zugeben musste, dass Vitaminmangel die wahre Ursache ist.“*

Bei Beriberi, einer degenerativen Nervenkrankheit, kam die Wende erst nach einigen Jahrzehnten, als 1911 das Vitamin B_1 (Thiamin) isoliert werden konnte, das vor allem in raffinierten Lebensmitteln wie weißem Reis fehlt. Robert M. Williams, einer der Entdecker des Thiamins, schrieb dazu, dass durch die Arbeiten von Pasteur und Koch *„alle Mediziner so fasziniert waren von der Idee von* (Mikroben-) *Infektionen als die Ursache von Krankheiten, dass es bald geradezu ein Axiom* (unumstößliche Wahrheit) *wurde, dass Krankheiten keine andere Ursache haben könnten (als Mikroben). Diese Fokussierung der Mediziner auf Infektionen als Krankheitsursache war ohne Zweifel verantwortlich dafür, dass Ernährung als möglicher Verursachung von Beriberi nicht in Betracht gezogen wurde.“*

Noch in den 50er Jahren des 19. Jahrhunderts hat die monokausale Mikroben-Theorie kaum Unterstützung gehabt. Eine der damals bedeutendsten Medizin-Autoritäten, Max von Pettenkofer (1818-1901), suchte noch die Dinge in ihrer Gesamtheit zu erfassen und bezog immer verschiedene mögliche Krankheitsursachen in seine Überlegungen ein, darunter auch die individuelle Lebensweise und soziale Aspekte. Das simple monokausale Denkmodell der Mikroben-Theoretiker erschien ihm vollkommen wirklichkeitsfremd. So schaltete er sich energisch in die Diskussion um die Bekämpfung der Cholera ein, die im 19. Jahrhundert in den Ländern mit schnell wachsender Industrialisierung so typisch wurde. Dabei stand er auf demselben Standpunkt, den auch der berühmte Arzt Francois Magendie (1783-1855) vertrat: Die Cholera sei weder importiert, noch sei sie ansteckend, sondern werde verursacht durch übermäßigen Schmutz infolge katastrophalster Wohnverhältnisse. Entsprechend waren in industriellen Zentren wie London die ärmsten Stadtviertel in der Regel auch am stärksten von der Cholera betroffen.

„Von Pettenkofer machte als Hauptursache das Trinkwasser aus, das, weil es an Kläranlagen fehlte, oft so sichtbar und heftig verunreinigt war, dass sich die Menschen regelmäßig über den Gestank und die Verfärbung der mit Industrie-Chemikalien und Exkrementen durchsetzten Kloake beschwerten. Und so zeigten auch Studien auf, dass in den Haushalten, die Anschlüsse mit

sauberem Wasser bekamen, kaum bis keine Cholera-Kranken zu verzeichnen waren. Dabei leugnete von Pettenkofer die Anwesenheit von Mikroben in dieser Kloake gar nicht; vielmehr argumentierte er, dass diese Organismen zum Krankheitsverlauf beitragen könnten, aber nur wenn ihnen der Nährboden bereitet wird, um zu gedeihen."

Doch auch die Autorität von Pettenkofers konnte letztlich nicht verhindern, dass die Anhänger der Mikroben-Theorie Ende des 19. Jahrhunderts das Heft in die Hand bekamen und auch die Cholera in ihre monokausale Erklärungs-Behauptung hineinpressten. So wurde das Bakterium „Vibrio Cholerae" bzw. dessen Ausscheidungen zum alleinigen Übeltäter abgestempelt und den Maßnahmen im Sinne dieser Mikroben-Theorie fälschlicherweise der Orden dafür angeheftet, die Cholera zurückgedrängt zu haben. *„Doch eigentlich hätte der Ruhm der Verbesserung der Lebensbedingungen gebührt, die seit Mitte des 19. Jahrhunderts deutlich voranschritt."*

Clustering

Nach dem 2. Weltkrieg lösten auch Tuberkulose, Masern, Diphterie oder Lungenentzündungen in Industrieländern wie den USA kein Massensterben mehr aus. Dies sei, so die Autoren, für Einrichtungen wie der US-Seuchenbehörde CDC, die dem RKI in Deutschland entspricht, zum Riesenproblem geworden, da sie überflüssig zu werden drohte. 1949 habe sie gar aufgelöst werden sollen. Doch die CDC habe dem nicht tatenlos zusehen wollen und sich auf die Suche nach Seuchen gemacht. *„Wie aber findet man Seuchen, wo einfach keine sind? Man macht ´Clustering´."*

Damit bezeichnet man eine Analyse zur Entdeckung von Ähnlichkeitsstrukturen. Man schaut sich also um und gibt sich damit zufrieden, wenn man wenige Menschen gefunden hat, die gleiche oder ähnliche Krankheitssymptome aufweisen. *„Dies reicht den Virus-Fahndern vollkommen aus, um eine drohende Epidemie auszurufen. Dabei spielt es auch keine Rolle, ob die Patienten je in irgendeiner Weise Kontakt miteinander hatten oder ob sie in Abständen von Wochen oder gar Monaten krank geworden waren. Dies macht deutlich, dass diese Cluster keine schlüssigen Hinweise oder Beweise für eine existierende oder bevorstehende Mikroben-*

Seuche liefern können. Zumal der Umstand, dass einige Leute das gleiche Krankheitsbild haben, überhaupt nicht heißen muss, dass ein Virus am Werk ist.“ Vorausgesetzt, dass man überhaupt Viren nachweisen könnte, was bis heute nicht geschehen ist.

Die Betroffenen könnten die gleiche krankmachende Ernährungsweise pflegen, mit den gleichen krankmachenden Umweltbedingungen (chemische Gifte etc.) zu kämpfen haben und vieles mehr. Und selbst wenn man einmal annehme, dass ein infektiöser Keim am Werk sei, so ließe sich allenfalls sagen, dass eine bestimmte Gruppe von Menschen anfällig ist für ein bestimmtes Leiden, während viele andere gesund bleiben. Daher kämen Seuchen in den Wohlstandsgesellschaften einfach nicht vor, weil sie Bedingungen bieten (ausreichende Ernährung, sauberes Trinkwasser etc.), die es den allermeisten Menschen ermöglicht, ihr Immunsystem so fit zu halten, dass solche Krankheiten und Mikroben im Gefolge einfach keine Chance haben.

Clustering ist völlig untauglich, um Seuchen ausfindig zu machen. Das zeigte sich, so die Autoren, bereits bei der Suche nach den Ursachen von Skorbut, Beriberi und Pellagra Anfang des 20. Jahrhunderts, bei denen Clustering völlig irreführend angewendet wurde.

Als wichtigstes Beispiel aus neuer Zeit führen sie das HIV=AIDS-Dogma an, weil es den Grundstein für den totalen Corona/COVID-19-Wahsinn gelegt habe. Anfang der 80er Jahre sei versucht worden, aus wenigen Patienten, die ähnliche Krankheitssymptome zeigten, nachdem sie allesamt über Jahre hinweg einen das Immunsystem zerstörenden Lebensstil gepflegt hatten, eine Virus-Seuche zu basteln. Darauf wird im Genaueren in einem weiteren Artikel zurückzukommen sein. Jedenfalls habe der CDC-Beamte Bruce Evatt zugestanden, die CDC sei mit Statements an die Öffentlichkeit getreten, *„für die es fast keine Beweise gab – es waren eher Mutmaßungen als Beweise. Wir hatten keine Beweise, dass ein infektiöser (AIDS-) Erreger im Spiel war."* (In „Virus-Wahn" S. 57)

1995 habe die CDC Alarm vor einer bevorstehenden Ebola-Virus-Pandemie geschlagen. Mit Hilfe der Cluster-Methode habe man in Kikwit, einem Ort in der Demokratischen Republik Kongo, einige Fälle von Fieberkranken aussortiert und dies als Ausbruch einer Ebola-Seuche deklariert. Das US-Time-Magazin habe spektakuläre

Bilder von „CDC-Detektiven“ in keimundurchlässigen Raumanzügen und bunte Fotos gezeigt, auf denen angeblich der gefährliche Erreger zu sehen war. Doch *„eine Publikation, in der das Ebola-Virus charakterisiert (mit seiner vollständigen Erbsubstanz und Virushülle) und elektronenmikroskopisch abgelichtet gezeigt wird, ist nach wie vor nicht aufzutreiben.“*

In der gegenwärtigen Corona-Hype offenbarte auch der markige Bayern-Fürst Söder seine Kenntnis der Cluster-Methode. Am 6.7.2020 sagte er zur Begründung, die Maskenpflicht (gegen das nicht vorhandene Virus) auf keinen Fall abzuschaffen. Nach wie vor sei die einzige Strategie: *„Umfangreich testen, um schnell regionale Cluster zu ermitteln und dann Infektionsketten austrocknen zu können.“* (hier ab min. 43) Es ist so was von unsinnig und lächerlich, wenn es für die Gesellschaft nicht so tragisch ernst wäre.

Zum Beispiel Polio

Die sogenannte Kinderlähmung tauchte erst im 19. Jahrhundert im Zuge der Industrialisierung auf und breitete sich in der ersten Hälfte des 20. Jahrhunderts nur im industrialisierten Westen wie ein Buschfeuer aus – in den Entwicklungsländern dagegen nicht. Wie bei den meisten Krankheiten kommen als Ursachen verschiedene Faktoren infrage. Manche Experten, so schildern die Autoren, sehen einen Faktor im hohen Konsum raffinierter Nahrungsmittel wie Kristallzucker. Anderen führen Massenimpfungen an, und in der Tat seien oft Lähmungen an der Seite des Körpers aufgetreten, auf der geimpft wurde. Auch seien die sinkenden Polio-Fallzahlen in den 40er Jahren noch mal drastisch angestiegen, nachdem massenweise gegen Diphterie und Keuchhusten geimpft worden war.

Doch besonders drängen sich negative Umwelteinflüsse auf wie Vergiftungen durch industrielle und landwirtschaftliche Verschmutzung. Giftige Schwermetalle wie Blei, Arsen oder Quecksilber wurden bereits früh verdächtigt, Polio zu verursachen. *„Und die erste Anhäufung von Polio-Fällen ereignete sich 1887 in Schweden – 13 Jahre nach der Erfindung des Nervengiftes DDT in*

Deutschland und 14 Jahre nach der Erfindung des ersten mechanischen Zerstäubers, mit dem ein Gemisch aus Wasser, Kerosin, Seife und Arsen auf die Pflanzen gesprüht wurde. Knapp zehn Jahre zuvor untermauerte der Neuropathologe Alfred Vulpian die Vergiftungsthese, denn er fand heraus, dass Hunde, die mit Blei vergiftet worden waren, unter den gleichen Symptomen litten wie die menschlichen Polio-Opfer. Während der Russe Popow 1883 zeigte, dass man auch mit Arsen die gleichen Lähmungserscheinungen erzeugen kann – Studienergebnisse, die die Welt hätten aufrütteln müssen, wenn man bedenkt, dass das auf Arsen basierende Pestizid Paris Green seit 1870 in der Landwirtschaft weithin im Kampf gegen ´Schädlinge´ wie die Mottenraupe eingesetzt wurde."

Doch anstatt es zu verbieten, sei es 1892 in Massachusetts z.B. durch das noch giftigere Pestizid Lead Arsenate ersetzt worden. Und nur zwei Jahre später habe sich dort die erste protokollierte Kinderlähmungsepidemie ereignet und Dr. Charles Caverly, der die Untersuchung leitete, festgehalten, dass als Ursache eher ein Giftstoff und weniger ein Virus in Frage käme: *„Mit großer Sicherheit handelt es sich hier nicht um eine ansteckende Krankheit."*

Dennoch sei Lead Arsenate innerhalb kurzer Zeit das wichtigste Pestizid im Obstanbau der industrialisierten Welt geworden. Hinzu kam 1907 in Massachusetts „Calcium Arsenate", das auf Baumwollfeldern und in -fabriken eingesetzt worden sei. Monate später hätten 69 gesunde Kinder an Lähmungserscheinungen gelitten.

Doch die Mikroben-Jäger wollten in ihrem bornierten Tunnelblick von all dem nichts wissen und machten sich stattdessen auf die Suche nach einem verantwortlichen Virus.

„Den Grundstein für die Theorie vom Polio-Virus legten 1908 die beiden in Österreich arbeitenden Wissenschaftler Karl Landsteiner und Erwin Popper mit Experimenten, die die WHO nach wie vor als einen der ´Meilensteine bei der Ausradierung von Polio´ bezeichnet." Eine im selben Jahr wieder einmal auftretende Polio-Epidemie, bei der erneut giftige Pestizide im Spiel waren, führte jedoch nicht dazu, den Hinweisen nachzugehen. Die nur chemisch denkenden Medizinautoritäten benutzten die Pestizide umgekehrt sogar als Mittel, es den unter Lähmungserscheinungen leidenden Kindern zur Linderung der Vergiftung noch zu verabreichen.

Und um die krankmachende Wirkung des eingebildeten Virus nachzuweisen, ging man dazu über, so die Autoren, erkrankte Rückenmarksteile von gelähmten Patienten an Affen und andere Tiere zu verfüttern oder in Extremitäten, Bauch oder Gehirn zu injizieren. Wenige wurden gelähmt, andere starben, viele erkrankten anderweitig oder blieben gesund. – Doch kann diese „Pampe“ ja absolut nicht als wissenschaftlich isoliertes Virus bezeichnet werden, abgesehen davon, dass überhaupt noch niemand ein Virus gesehen haben konnte, denn das Elektronenmikroskop, mit dem es nach heutiger Meinung erst sichtbar gemacht werden könnte, wurde erst 1931 erfunden.

„Und selbst noch 1948 wusste man immer noch nicht, ´wie das Polio-Virus in den Menschen eindringt´, wie der Experte John Paul von der Yale-University auf einem internationalen Poliomyelitis-Kongress in New York City konstatierte.“ (S. 62)

Obgleich alles dagegen sprach, dass es sich bei der Kinderlähmung um eine ansteckende Virus-Krankheit handeln würde, wurden diese Studien Ausgangspunkt eines jahrzehntelangen Kampfes, der sich ausschließlich auf ein imaginäres Polio-Virus konzentrierte. *„Und wo die Virenjäger wirkten, da waren die Impfstoffhersteller nicht* *fern."* Und trotz des Nachweises, dass die Pampe bei Affen nicht über den Mund, sondern nur durch Injektionen in das Gehirn Lähmungen erzeugte, und trotz des Nachweises, dass kein Tier von einem anderen die Krankheit bekommt, also kein Virus eine Infektion bewirkt – die Virus- und Impfstoffjäger würdigten nichts, was außerhalb ihres schmalen Virus-Pfades lag, auch nur eines Blickes. Der Forscher Jonas Salk verkündete Mitte des 20. Jahrhunderts, das Polio-Virus und einen Impfstoff, der es besiegen werde, gefunden zu haben, was in den USA als eine der größten Entdeckungen des 20. Jahrhunderts gefeiert wurde.

Doch schon in Versuchsreihen mit Affen habe der Polio-Impfstoff schwere Lähmungen verursacht. Und auch Kinder, die geimpft wurden, entwickelten in zunehmender Zahl Symptome von Kinderlähmung. Experten in den USA konstatierten schließlich in einer Region, dass nur gegen Polio geimpfte Kinder an Polio erkrankten. Dabei sei in neun von zehn Fällen die Lähmung in dem Arm aufgetreten, in den der Impfstoff injiziert worden war. *„Am 8. Mai 1955 stoppte die US-Regierung die gesamte Impfstoffproduktion. Kurze Zeit später wurde von weiteren 2.000 Polio-Fällen berichtet, und zwar in Boston, wo Tausende geimpft* *worden waren. Im ´geimpften´ New York verdoppelte sich die Zahl der Fälle von Kinderlähmung. In Rhode Island und Wisconsin verfünffachte sie sich sogar.“*

Bei Wikipedia heißt es, der Salk-Impfstoff *„wirkte jedoch nur unzureichend“.* Das ist nicht nur verharmlosend, sondern die Wahrheit bewusst verfälschend.

Jedenfalls war der Salk-Impfstoff nicht der große Sieger des vermeintlichen Polio-Virus. Schon nach der Statistik war bis 1953, als der Impfstoff eingeführt wurde, die Zahl der Polio-Opfer bereits von selbst drastisch gefallen, in den USA um 47 % und in England um 55 %. Auch wird nicht der später entschärfte Impfstoff den weiteren starken Rückgang der Kinderlähmung bewirkt haben, sondern die sukzessiven Verbote der hochtoxischen Pestizide, zu denen auch das DDT gehörte. Doch das kann hier nicht weiter ausgeführt werden. (Siehe dazu S. 67 f. in „Virus-Wahn“.)

Fazit

Die skizzierte grundsätzliche Fehlentwicklung in der modernen Medizin beruht auf der Übernahme monokausalen Denkens aus der anorganischen Natur, wo es berechtigt ist, in den menschlichen lebendigen Organismus. Dies wurde begünstigt durch ein materialistisches Denken, das die Ursache von physischen Krankheiten nur in der Einwirkung von wiederum physisch materiellen Dingen sehen kann, und seien sie auch noch so klein, dass sie gar nicht mehr wahrnehmbar sind. Aber hier verlässt man den Boden exakter Wissenschaft und erhebt sich in die windige Luft wissenschaftlich verkleideter Spekulationen.[2]

Doch selbst wenn Viren so wie die Bazillen und Pilze wahrnehmbar wären, fehlt der wissenschaftlich exakte Nachweis, dass sie Erreger und Ursache der Infektionskrankheiten sind. Das ist nur Vermutung und Behauptung. Das zeitgleiche Auftreten schädlicher Mikroben mit bestimmten Krankheiten zeigt vielmehr, dass sie den Nährboden der Krankheit brauchen, um sich entfalten zu können, diese also umgekehrt für das Auftreten dieser Mikroben ursächlich sind. Das erst macht den Weg frei. Die eigentlichen Krankheitsursachen ins Auge zu fassen.

Dass sich in den letzten hundert Jahren die Mikroben-Killer-Theorie in aller Breite etablieren konnte, wäre ohne Täuschung und Betrug in der Forschung, ohne Korruption in den staatlichen Gesundheitsbehörden, ohne das üppige Geld der aufstrebenden Pharmaunternehmen und, nicht zu vergessen, ohne die unterstützenden skrupellosen Medien in dieser Weise nicht möglich gewesen.

Selbst der Virus-Forscher Luc Montagnier befürchtet, *„dass die wissenschaftliche Community aufgrund ihrer korrupten Verflechtungen mit Regierungs- und Unternehmensinteressen immer mehr das Vertrauen der Öffentlichkeit verliert."* Diese korrupten Sphären würden *„die wissenschaftliche Wahrheiten vor der Öffentlichkeit verstecken, sobald sie wirtschaftlichen Interessen zuwiderlaufen könnten."*

Vielfach wird einem entgegengehalten, das kritisierte eindimensionale mikrobiologische Denkmodell habe nun mal großartige Heilungserfolge erzielt. Doch wie sieht es damit insgesamt aus? Nach einschlägigen Untersuchungen, so die Autoren von „Virus-Wahn", *„geht das Ganze so weit, dass z. B. die* *amerikanische ´Gesundheits´-Industrie mit ihrem Pillen-Wahn jährlich rund 800.000 Todesfälle zu verantworten hat – mehr als jede Krankheit (inklusive Krebs und Herzinfarkt). Und auch in Deutschland sterben schätzungsweise Zehntausend an Fehlbehandlungen und falschem Medikamenteneinsatz. ´In den USA und Europa stellen verschreibungspflichtige Medikamente nach Herzleiden und Krebs die dritthäufigste Todesursache dar´, so Peter C. Gotzsche, Medizinprofessor und Mitbegründer der renommierten Cochrane Corporation."* (S. 15)

Was ist das für eine Medizin?

Printed by Books on Demand GmbH, Norderstedt / Germany